Jean-Pierre Sinawazo Kitambala

Joseph, un leader modèle pour rétablir un gouvernement en crise

Jean-Pierre Sinawazo Kitambala

Joseph, un leader modèle pour rétablir un gouvernement en crise

Joseph, le leader modèle

Éditions Croix du Salut

Impressum / Mentions légales
Bibliografische Information der Deutschen Nationalbibliothek: Die Deutsche Nationalbibliothek verzeichnet diese Publikation in der Deutschen Nationalbibliografie; detaillierte bibliografische Daten sind im Internet über http://dnb.d-nb.de abrufbar.
Alle in diesem Buch genannten Marken und Produktnamen unterliegen warenzeichen-, marken- oder patentrechtlichem Schutz bzw. sind Warenzeichen oder eingetragene Warenzeichen der jeweiligen Inhaber. Die Wiedergabe von Marken, Produktnamen, Gebrauchsnamen, Handelsnamen, Warenbezeichnungen u.s.w. in diesem Werk berechtigt auch ohne besondere Kennzeichnung nicht zu der Annahme, dass solche Namen im Sinne der Warenzeichen- und Markenschutzgesetzgebung als frei zu betrachten wären und daher von jedermann benutzt werden dürften.

Information bibliographique publiée par la Deutsche Nationalbibliothek: La Deutsche Nationalbibliothek inscrit cette publication à la Deutsche Nationalbibliografie; des données bibliographiques détaillées sont disponibles sur internet à l'adresse http://dnb.d-nb.de.
Toutes marques et noms de produits mentionnés dans ce livre demeurent sous la protection des marques, des marques déposées et des brevets, et sont des marques ou des marques déposées de leurs détenteurs respectifs. L'utilisation des marques, noms de produits, noms communs, noms commerciaux, descriptions de produits, etc, même sans qu'ils soient mentionnés de façon particulière dans ce livre ne signifie en aucune façon que ces noms peuvent être utilisés sans restriction à l'égard de la législation pour la protection des marques et des marques déposées et pourraient donc être utilisés par quiconque.

Coverbild / Photo de couverture: www.ingimage.com

Verlag / Editeur:
Éditions Croix du Salut
ist ein Imprint der / est une marque déposée de
OmniScriptum GmbH & Co. KG
Heinrich-Böcking-Str. 6-8, 66121 Saarbrücken, Deutschland / Allemagne
Email: info@editions-croix.com

Herstellung: siehe letzte Seite /
Impression: voir la dernière page
ISBN: 978-3-8416-9910-7

Copyright / Droit d'auteur © 2014 OmniScriptum GmbH & Co. KG
Alle Rechte vorbehalten. / Tous droits réservés. Saarbrücken 2014

JOSEPH, UN LEADER MODELE POUR RETABLIR UN GOUVERNEMENT EN CRISE.

Pasteur Jean-Pierre S. KITAMBALA

DEDICACE

Je dédie ce livre à mon cher ami et confrère, le pasteur KIMBITI NDABASHWA, et à sa famille respective pour tant de sacrifices qu'il a consentis dans les recherches qui ont abouti à l'édition du présent ouvrage !

Je n'oublie pas tous les serviteurs de Dieu qui marchent avec le Seigneur, le servent et dirigent l'Eglise de Dieu suivant le modèle nous laissé par le Seigneur Jésus-Christ !

Et à toute la famille KITAMBALA, pour ses encouragements, je dédie ce livre.

TABLE DES MATIERES

DEDICACE.. Pg 2

INTRODUCTION GENERALE.. Pg 4

Chapitre I. JOSEPH, UN HOMME EXCEPTIONNEL................ Pg 5

   A. L'état de l'humanité et du christianisme............................. Pg 9

   B. Le modèle josephite.. Pg 15

Bibliographie.. Pg 15

Chapitre II. ETUDE EXEGETIQUE DE GENESE 41, 37-49...... Pg 17

   Introduction au livre de la Genèse... Pg 17

   Bibliographie(2)... Pg 25

Chapitre III. LEADERSHIP, SAGESSE ET HERMENEUTIQUE DE GENESE 41, 37-49.. Pg 27

   3.1 Notions de leadership.. Pg 28

   3.2 La sagesse.. Pg 32

   3.3 Contextualisation et herméneutique de Genèse 41,37-49... Pg 44

Bibliographie(3).. Pg 50

Chapitre IV. JOSEPH, L'OMBRE DE JESUS-CHRIST............... Pg 54

   Bibliographie(4)... Pg 56

CONCLUSION GENERALE... Pg 57

INTRODUCTION GENERALE

Un seul cri en provenance de chaque gouvernement sur le plan mondial, des Etats-Unis en Afrique en passant par l'Europe et l'Asie, on entend le même cri de détresse retentir : «la crise ». Celle-ci n'est pas l'apanage des seuls gouvernements, mais aussi de différents ministères qui composent chacun des gouvernements : c'est ainsi qu'on parle de la crise économique, financière, politique, matérielle, morale, sociale, de vocation, de leadership, de conscience ... bref une crise généralisée touchant tous les secteurs de la vie communautaire. Face à cette situation, qui dure depuis quelques décennies, les différents chefs d'Etats se débattent en vain, dans la recherche des solutions à cette crise. Ce qui nous pousse à nous poser les questions suivantes : A qui la faute ? Que faut-il faire pour inverser la courbe ? Quel modèle de leader a-t-on besoin pour parvenir à la solution ?

Un adage militaire dit : « Il n'y a pas de mauvaises troupes, il n'y a que de mauvais chefs (dirigeants). C'est pour dire que la victoire ou l'échec de troupes militaires au front dépend de la capacité de commandants à diriger, à donner des ordres aux soldats, et à monter des stratégies et des tactiques. Ce qui est vrai aussi en ce qui concerne les gouvernements qui dépendent du leadership de leurs gouvernants. En nous référant à la Bible, nous voyons que Joseph est le modèle de leader à suivre pour rétablir les gouvernements en crise aujourd'hui. Donc, en copiant le leadership de Joseph, les différents gouvernements pourront inverser la courbe de la crise tant nationale que mondiale, comme on va le voir dans les lignes qui suivent. Mais avant d'entrer dans les détails, il nous faut d'abord comprendre ce que signifie le mot « crise » : du grec krisis, décision ; ce mot est compris dans le cadre de ce livre comme étant une phase difficile traversée par un groupe social ; une rupture d'équilibre entre grandeurs économiques, notamment entre production et consommation ; c'est aussi une situation qui affecte le pouvoir exécutif, entre la démission d'un gouvernement et la formation du suivant ; c'est une grave pénurie, une insuffisance (Le Petit Larousse, Edition Anniversaire de la Semeuse, France, 2009, p. 270).

Chap.I. JOSEPH, UN HOMME EXCEPTIONNEL.

Le passage de Gn 41, 37-49 « Ces paroles plurent à Pharaon et à tous ses serviteurs. Et Pharaon dit à ses serviteurs : Trouverions-nous un homme comme celui-ci, ayant en lui l'Esprit de Dieu ? Et Pharaon dit à Joseph : Puisque Dieu t'a fait connaître toutes ces choses, il n'y a personne qui soit aussi intelligent et aussi sage que toi. Je t'établis sur ma maison, et tout mon peuple obéira à tes ordres. Le trône seul m'élèvera au-dessus de toi. Pharaon dit à Joseph : Vois, je te donne le commandement de tout le pays d'Egypte. Pharaon ôta son anneau de la main, et le mit à la main de Joseph ; il le revêtit d'habits de fin lin, et lui mit un collier d'or au cou. Il le fit monter sur le char qui suivait le sien ; et l'on criait devant lui : A genoux ! C'est ainsi que Pharaon lui donna le commandement de tout le pays d'Egypte. Il dit encore à Joseph : Je suis Pharaon ! Et sans toi personne ne lèvera la main ni le pied dans tout le pays d'Egypte. Pharaon appela Joseph du nom de Tsaphnath-Paenéach ; et lui donna pour femme Asnath, fille de Poti-Phéra, prêtre d'On. Et Joseph partit pour visiter le pays d'Egypte. Joseph était âgé de trente ans lorsqu'il se présenta devant Pharaon, et parcourut tout le pays d'Egypte. Pendant les sept années de fertilité, la terre rapporta abondamment.

Joseph rassembla tous les produits de ces sept années dans le pays d'Egypte ; il fit des approvisionnements dans les villes, mettant dans l'intérieur de chaque ville les productions des champs d'alentour. Joseph amassa du blé, comme le sable de la mer, en quantité si considérable que l'on cessa de compter, parce qu'il n'y avait plus de nombre » est l'un des textes de l'Ancien Testament qui concernent l'élévation de Joseph au pouvoir. La séparation de Joseph de son père Israël en Gn 37 constitue un ressort narratif essentiel du cycle de Joseph (Gn 37-50).Un double dénouement correspond à cette séparation : l'annonce que Joseph est vivant (« Ils remontèrent de l'Egypte, et ils arrivèrent dans le pays de Canaan, auprès de Jacob, leur père. Ils lui dirent : Joseph vit encore, et même c'est lui qui gouverne tout le pays d'Egypte. Mais le cœur de Jacob resta froid, parce qu'il ne les croyait pas. Ils lui rapportèrent toutes les paroles que Joseph leur avait dites. Il vit les chars que Joseph avait envoyés pour le transporter. C'est alors que l'esprit de Jacob, leur père, se ranima ; et Israël dit : C'est assez ! Joseph, mon fils, vit encore ! J'irai, et je le verrai avant que je meure »Gn 45.25-28), et les retrouvailles Israël/Joseph, (Gn 46-50). Gn 37 introduit le motif de l'opposition entre Joseph et ses frères. À cette relation brisée correspond la réconciliation fraternelle,(Gn 42-45). L'autre leitmotiv, c'est la venue forcée de Joseph en Égypte. Gn 37 prépare ainsi ce qui constitue le centre de l'histoire de

Joseph, sa réussite en Égypte (Gn 39-41) que l'on pourrait intituler également « la sagesse de Joseph ». C'est dans cette partie que s'inclut celle de «l'élévation du sage Joseph », (Gn 40-41) que André Wénin évoque en ces termes :

Grâce à la sagesse, Joseph va voir sa position radicalement modifiée et qu'il va parvenir au faîte du pouvoir. Cette position sera la sienne quand il retrouvera ses frères à l'occasion de la crise alimentaire que la fin du chapitre 41 introduit et qui fournira le cadre de leur rencontre(1).

Par ailleurs durant son séjour en Égypte, Joseph est intégré dans la société en recevant un nom nouveau et en prenant pour femme, Asenath, fille de Potiphéra, prêtre d'On dont la prêtrise avait une grande importance politique. Un autre élément frappant en est qu'en dépit du fait que le pays d'Égypte regorgeait de nombreux sages, l'intelligence et la sagesse de Joseph attirèrent l'attention de Pharaon et celle de ses fonctionnaires. En outre, Genèse 44,5 semble indiquer que Joseph pratiquait la lécanomancie(2), ce qui amène certains auteurs à postuler qu'il se conformait à certaines pratiques religieuses égyptiennes. L'interprétation des songes par Joseph rencontra l'assentiment de Pharaon et de toute la cour royale. En dépit de ses pratiques idolâtres, le monarque eut la révélation selon laquelle l'Esprit de Dieu était en Joseph (Gn41.38). Au verset 39, Pharaon renchérit que c'est Dieu qui avait dévoilé à Joseph le secret de songe et qu'il n'y avait personne qui fût intelligent et sage comme Joseph. Le Dieu de Joseph appelé Élohim s'était révélé à Pharaon en songes que Joseph interpréta.

De manière paradoxale, plus Joseph descend dans l'échelle sociale, plus il s'approche de Pharaon. Les rêves angoissants que font deux prisonniers de marque lui fournissent l'occasion de faire montre de son art d'interpréter les songes, tâche qui relève de la sagesse. Joseph se révèle d'autant plus sage qu'il sait se garder de toute complaisance flagorneuse lorsque, malgré l'attente du panetier, il se refuse à interpréter en bien son rêve, alors même que celui-ci ne manque pas de ressemblance avec celui de son collègue échanson (Gn 40,5-23). Cette scène met en relief la finesse avec laquelle Joseph distingue les subtiles nuances du langage des songes tout en confirmant également sa probité à toute épreuve. Signalons en outre qu'avant que les fonctionnaires lui racontent leurs rêves, Joseph leur déclare que c'est à Dieu qu'appartiennent les interprétations (cf. Gn 40,8). La sagesse de Joseph est d'une grande habileté car il se dit conscient de ce que la clairvoyance du sage n'est pas un apanage qu'il possède en propre, il place son écoute des rêves sous le signe du Dieu qui peut-être, cherche à s'y manifester.

Mais en même temps, en s'exprimant de la sorte, Joseph se prépare à passer, aux yeux des fonctionnaires de Pharaon, pour le dépositaire d'une science divinement inspirée, ce qui est de nature, le cas échéant, à favoriser sa libération(3). Par ailleurs, Dany Nocquet affirme que Pharaon tient son pouvoir par la sagesse qui lui est accordée de reconnaître la volonté divine en Joseph. La providence et la souveraineté de Dieu ont été lues comme les principaux thèmes de la théologie du cycle de Joseph. Cela peut évoquer un certain déterminisme, rendant caduque et vaine toute initiative humaine (Pr 21. 30). Mais rien n'est dit du fait que Joseph accomplit la volonté de Dieu. Gn37-50 affirme plutôt que la providence divine est réciprocité et qu'elle s'accomplit en réponse à une attitude humaine positive, en l'occurrence la sagesse de Joseph. Le thème sapientiel du mal est un motif récurrent du cycle de Joseph(4). Face à l'adversité, Joseph garde le silence tant vis-à-vis de Potiphar qui renvoie Joseph sans que celui-ci proteste de la grossière manipulation de sa femme.

Le silence de Joseph est un signe de sagesse ; Joseph arrête le mal à lui sans lui donner l'occasion de se répandre en cherchant à se venger. Il est juste parmi les condamnés. Face au mal, la sagesse et la justice sont préférables. Malgré l'adversité, Joseph connaît une ascension fulgurante qui n'est pas utilisée à des fins personnelles. Avec le soutien de Dieu, Joseph travaille au bien de tous en Égypte. Son action rejaillit sur sa famille qui bénéficie d'un pays pour vivre et se multiplier. Comme il sauve de la famine, l'Égypte, la terre entière, il sauve Israël. Israël ne naît pas seulement de la sortie de la maison de servitude et du don de la torah au Sinaï, Israël naît aussi de la sagesse et de la bonté de Joseph que Dieu reconnaît et soutient.

Au personnage de Moïse, libérateur des fils d'Israël et législateur de la vie à venir en Canaan, Gn 37-50 ajoute un autre sauveur d'Israël, fondateur de l'unité des fils d'Israël en Égypte. L'histoire d'Israël en tant que peuple commence en Égypte grâce à la bonté de Joseph, sa sagesse et ses rêves. Sans lui Israël et Juda n'auraient pu être sauvés, l'un de la famine et l'autre de l'esclavage ; la famille d'Israël n'aurait pu être réunie et devenir un peuple. Le contenu de l'histoire de Joseph évoquant la réussite auprès d'un potentat étranger se rapproche de celui des livres de Daniel et d'Esther. Le geste de Pharaon offrant un collier d'or à Joseph rappelle celui de Xerxès à l'égard de Mardochée (Est 6,8ss.) et la situation de Daniel (Dn 5,7.28). Joseph, comme Daniel, est celui qui interprète les rêves.

Les traditions autonomes de Gn 37-50 sur l'épreuve d'Israël, les souffrances de Joseph pour le bien de tout Israël sont à lire comme l'autojustification de la vie de la communauté juive d'Égypte.

Cela dit, il importe de poser les trois questions dans le cadre de ce livre :

1. Pourquoi peut-on considérer Joseph comme étant un leader modèle à suivre pour rétablir et guérir une société en crise ?

2. Que pouvait faire Pharaon pour rétablir une société en crise ?

3. Quelle est la rétribution obtenue par Joseph, le pays d'Égypte et les régions environnantes grâce à la sagesse de celui-ci ?

En réponse anticipative aux questions susmentionnées : Joseph est certes le modèle de leader à suivre pour sortir de toute sorte de crise. En effet, Joseph a été élevé dans la sagesse et en a donné des preuves dans l'ancienne Égypte sur des questions politiques. Ainsi Joseph, sans le vouloir, prouve qu'il possède les dons qu'il postule pour celui qui devra prendre dans le royaume les mesures préventives contre la famine (Gn 41,33)(5). En plus, le Pharaon qui avait une connaissance beaucoup plus limitée, peut servir d'exemple pour savoir comment prendre de bonnes mesures politiques pour que personne ne meure de faim en temps de famine. Les décisions à prendre doivent faire abstraction des liens du sang ou des relations tribales et ne voir que la personne la plus compétente pour le travail. En Égypte, ce fut un Hébreu qui se montra le plus qualifié pour occuper le poste, et le Pharaon, animé de sagesse, n'hésita pas à le lui confier. Il est évident que dans des continents sous-développés, en l'occurrence l'Afrique, les famines seraient moins désastreuses s'il y avait plus de « Joseph » dans les sphères dirigeantes.

En effet, Joseph la deuxième personnalité après Pharaon crée une administration pour gérer les récoltes et en constituer des réserves. Il envisag leur redistribution à la population durant les périodes de disette. Après avoir interprété le rêve de Pharaon, Joseph passe du pronostique à la thérapeutique. En fait, il ne se contente pas d'analyser le rêve, il propose des solutions pratiques pour pallier à la crise qui s'annonce. Ce rêveur se transforme soudain en homme politique et en conseiller économique aussi avisé. Il a un esprit d'initiative et de connaissances techniques fondées sur une science sûre et une expérience confirmée(6). Il est certain que ses propositions, simples détaillées, et surtout présentées comme une suite naturelle à l'interprétation, font la plus grande impression sur Pharaon et son entourage. Mais ce qui frappe surtout, c'est son esprit d'initiative : s'il y a crise, il importe de prendre sur-le-champ les mesures nécessaires, afin de diriger l'événement et non le subir. Certes, gouverner c'est prévoir. Ici Joseph invente la planification. Tel est bien le rôle d'un homme d'État : ne pas se contenter d'une politique à courte vue ; voir loin et, si possible appliquer et respecter le processus spécifique des activités de planification, d'organisation, d'impulsion et de contrôle étant la solution managériale à la crise.

Le succès ne lui tourne pas la tête ; il demeure humble(7). Signalons également que Joseph n'a pas eu honte du nom de Dieu qui, par sa bouche, fut prononcé pour la première fois dans un tel cadre. Nous pouvons souligner que Joseph est comme un homme courageux, muni d'armes : il fait preuve à la fois de solides connaissances en matière d'économie et d'un profond sens politique. C'est un homme exceptionnel, disposant de qualités que l'on trouve rarement réunies chez un même individu.

Soulignons, par ailleurs, que Pharaon manifeste la dignité nouvelle de Joseph et l'étendue de son pouvoir. Joseph a atteint le sommet de la hiérarchie sociale en Égypte. Cela étant, Pharaon et ses fonctionnaires furent impressionnés par le geste, ce qui est une reconnaissance des dons surnaturels(8).

L'Esprit de Dieu se trouvait dans Joseph. Il est donc évident que le roi Pharaon reconnaissait, en plus des divinités égyptiennes, l'existence d'une divinité source du savoir et fait que l'Esprit de Dieu était en Joseph, cette sagesse n'était pas humaine, mais une opération surnaturelle de Dieu. Face à l'adversité, Joseph garde le silence tant vis-à-vis de ses frères que vis-à-vis de Potiphar qui renvoie Joseph sans que celui-ci proteste de la grossière manipulation de sa femme. Le silence de Joseph est un signe de sagesse ; Joseph arrête le mal à lui sans lui donner l'occasion de se répandre en cherchant à se venger. Joseph est un personnage exemplaire, qualifié d' « intelligent et sage » (nâbôn et hakâm) par le Pharaon. De la crainte de Dieu, Joseph tire cette sagesse qui l'a conduit loin du mal (Pr 16.6). Il se définit comme un craignant - Dieu en opposition à ses frères (Gn 42,18). Il est enfin sauveur et fondateur de l'unité des fils d'Israël en Égypte(9).

a. L'ETAT DE L'HUMANITE ET DU CHRISTIANISME

Nous estimons que la sortie de la crise multicolore qui avilit et déshumanise l'humanité entière en général et le christianisme, en particulier, en tant qu'un royaume (gouvernement) du peuple de Dieu : les masses prolétariennes doivent, de prime abord, savoir lire leur situation, c'est-à-dire décrire et problématiser politiquement, économiquement, sociologiquement et juridiquement le milieu de vie, prendre conscience du niveau de la détérioration du tissu socio-économique, vaincre l'égocentrisme, le divisionnisme(10), la discrimination et l'injustice, faire des rêves par rapport à la gravité de la crise et ainsi tracer un plan de sauvetage.

L'Église missionnaire s'emploiera davantage pour canaliser l'éducation des couches sociales en vue de leur épanouissement socio-économique. En tant que faiseuse d'opinion crédible aujourd'hui, l'Église a principalement un rôle éducateur. En fait, l'éducation portera sur les vertus sociales, la bienséance, l'ordre, l'équité, la justice, le droit, l'épanouissement socio-économique, les valeurs démocratiques comme soubassement de prospérité, l'édification d'une société où les urnes remplacent les armes dans l'élévation au pouvoir.

Voici ce que certains auteurs ont dit à propos de Joseph :

Robert Michaud(11), dans son ouvrage "L'Histoire de Joseph (ch. 12-50)" : « En effet, ce livre précise que Makir est le nom d'une ancienne tribu de la Palestine centrale (Juges 5, 14). Il démontre que le Joseph de l'histoire appartenait à cette tribu ».

Gerhard Von Rad(12) évoque l'histoire biblique des patriarches et fait quelques commentaires sur le livre de la Genèse. Il rappelle les rêves de Pharaon et leur explication. Le narrateur montre l'erreur que commence par commettre le roi en partant de la fausse présomption que la connaissance de l'avenir dépend de l'art humain et d'une technique divinatoire particulièrement cultivée. Cette erreur est poignante dans le discours qu'il adresse à Joseph qu'on est allé chercher. Le Pharaon le considère tout d'abord comme l'un de ces spécialistes de l'oniromancie et même comme un savant exceptionnel dans cette branche et qui n'a pas besoin de faire des efforts pour y parvenir. Joseph rejette cette idée avec énergie. Nous nous trouvons donc devant la différence entre la divination professionnelle, condamnée à l'échec, et l'illumination charismatique qui n'a pas besoin d'une technique, qui est fortement soulignée (cf. Gn 40,8).

Par ailleurs, il renchérit en indiquant qu'au faîte des honneurs, Joseph ne sera soumis en Égypte qu'à une seule personne, le Pharaon. De même, le changement de nom était un acte important du cérémonial de cour : Joseph est intégré totalement par lui dans la vie de cour égyptienne et cela n'était possible que s'il était placé sous la protection d'une divinité égyptienne. Le nouveau nom « **Tsaphnat-Panéach** » donné à Joseph par le Pharaon se traduit par « **Dieu parle et il vit** ». Il est surprenant que cette annexion de Joseph par la cour égyptienne puisse être rapportée avec une telle indépendance d'esprit, par rapport à la foi d'Israël. Cela reflète une époque très ouverte au monde et qui n'a pas encore fait d'expériences négatives sur le plan de la foi dans sa rencontre avec le paganisme. Dans le livre de Daniel, né dans des circonstances autrement plus tendues, un changement de nom analogue est imposé dans une série de mesures de menaces prises par une cour païenne contre Daniel (Dn 1,7). La chose est plus frappante encore quand Joseph s'unit à la famille du grand prêtre d'On. Mais, cette époque antique ne scandalisait pas de mariages avec des femmes appartenant à la sphère d'une autre religion ; ils étaient plutôt rares jusqu'à l'époque royale et ne touchaient en rien la substance de la communauté cultuelle. Ce n'est qu'après l'exil que les choses changèrent, surtout avec Esdras et Néhémie(13).

Charles C. Ryrie(14) a développé dans son ouvrage "Société en crise" la maladie de notre société et y a proposé un diagnostic sévère mais juste. Pour lui il n'y a pas lieu pour le chrétien de baisser les bras ni de se décourager. Bien au contraire il faut que les chrétiens réagissent fermement, avec sagesse et discernement afin d'apporter aux hommes de notre génération une véritable raison de croire et d'espérer.

Étienne Charpentier(15) dans l'ouvrage "Pour lire l'Ancien Testament" note que le fils de Jacob, Joseph est le patriarche de deux tribus (Manassé et Ephraïm) ; son histoire qui se déroule presque totalement en Égypte est celle d'un homme rejeté par ses frères, qui est l'exemple même de la réussite politique. Cette carrière extraordinaire est en réalité dirigée par Dieu qui accorde sa sagesse à un homme persécuté. D'un mal peut sortir un bien comme le dit Joseph à ses frères : « C'est Dieu qui m'a envoyé en Égypte avant vous pour vous conserver la vie » (Gn 45,5).

Alain Marchadour(16) développe, dans son ouvrage "Genèse, Commentaires", l'histoire de Joseph (Gn 37-50). Tout part des rêves merveilleux d'un enfant prédestiné qui, avec une certaine insolence, provoque ses frères et suscite leur jalousie, puis leur haine. Il connaît ensuite des aventures à multiples rebondissements. L'enfant, rejeté et vendu par ses frères, devient, grâce à sa sagesse et à une protection divine discrète mais efficace, premier ministre de Pharaon. Ses frères sont amenés à le rencontrer, mais sans le reconnaître ; il leur fait savoir ce qu'ils lui avaient fait subir. Finalement, l'histoire finit bien, puisque Joseph se fait reconnaître par ses persécuteurs et leur pardonne avec générosité. Donc, l'histoire de Joseph peut être décrite plus finement à travers le thème familial du rejet de Joseph par ses frères, retrouvailles étonnantes, et d'autre part par le thème politique (Joseph en Égypte, passant de la prison au palais de Pharaon).

Dans sa thèse intitulée" Église, protection des droits de l'homme et refondation de l'État en RD Congo", Kitoka Moke(17) parle de l'engagement politique de l'Église. En fait, si l'engagement politique de l'Église est le point de départ et la source jamais tarie d'une nouvelle interprétation du réel, si contrairement à l'idéologie dominante dissimulatrice des véritables rapports sociaux, elle permet d'analyser les structures sociales, d'en démasquer les traits inhumains et d'en préparer le renversement, on voit que c'est elle le principe d'une herméneutique complète, authentique et féconde. C'est dans ce sens qu'il cite Paul Ricœur qui considère toute l'existence humaine comme étant un texte à lire.

Par rapport à ces écrivains, il y a lieu de préciser que ce livre est spécifique du fait qu'il voudrait comprendre le leadership joséphite comme voie à suivre pour sortir de la crise ou du chaos. En effet, Gn 41,37-49 nous met en présence de Joseph, un homme qui, ayant en lui l'Esprit de Dieu, est capable de contenir et endiguer le terrible fléau visant à mettre en danger les vies des égyptiens et des habitants des pays voisins. Notre entreprise consiste donc à comprendre et appliquer le texte dans un contexte comme celui du Christianisme en général et de la République Démocratique du Kongo, en particulier. En effet, il s'agit d'un contexte caractérisé par la détérioration du tissu socio-économique qui, pour son rétablissement, nécessite des hommes et des femmes sages qui s'acquittent de leurs tâches civiques et sociales dans l'altruisme et dans la crainte de Dieu. En tout cela, il y a nécessité de conjuguer de manière croisée l'interprétation des signes de la réalité du présent et la projection de l'avenir par la planification (un management spécifique).

Ce livre est la conséquence de l'observation faite après une lecture attentive de la vie chrétienne en général et celle des Kongolais (de la République Démocratique du Kongo) en particulier. Ainsi donc nous réalisons que Joseph semble, aux yeux de Pharaon et ses fonctionnaires, un homme exceptionnel, incomparable et inégalable dans tout le pays d'Égypte. Il fut par conséquent élevé à la haute magistrature alors qu'il était étranger, esclave et prisonnier. Dans une société polythéiste et idolâtre comme celle de l'Égypte antique où l'on pouvait enregistrer des prêtres, des magiciens, des scribes, tous nationaux, un hébreu étranger est désigné premier ministre, devenant ainsi la deuxième personnalité de tout le pays d'Égypte, après le Pharaon. Le fait que ce dernier hisse Joseph, un étranger, au pouvoir semble non seulement incompréhensible mais aussi et surtout scandaleux aux yeux des citoyens qui luttent contre toute sorte d'invasion et d'hégémonie extérieures. Cela n'a été possible que par la sagesse.

Le manque de la sagesse entraîne des conséquences fâcheuses conduisant à la crise et à la déchéance sociale de tout bord.

Les exemples sont légion : cas éloquent de la République Démocratique du Kongo (de NKO= chasseur ; NGO=léopard ; ce qui a donné naissance au nom KONGO qui veut dire chasseur de léopards, en Kikongo). Ce royaume de 2.345.410 km2 de superficie, 2ème plus grand pays d'Afrique après l'Algérie ; 33 fois plus grand que le Benelux et 4 fois plus que la France ; 80 fois plus grand que la Belgique, sa superficie est légèrement inférieure au quart de celle des Etats-Unis d'Amérique, est assis sur tous les éléments du tableau de Mendeleïev. « Il date de l'époque de NIMROD « Cusch engendra aussi Nimrod ; c'est lui qui commença à être puissant sur la terre. Il fut un vaillant chasseur devant l'Eternel ; c'est pourquoi l'on dit : Comme Nimrod, vaillant chasseur devant l'Eternel » (Gen 10.8-9), dont le diminutif est NIMI (en langue kikongo), le nom du fondateur de ce royaume Kongo » ? En effet, la société kongolaise s'est plongée dans une crise multisectorielle au lendemain de l'accession du pays à sa souveraineté nationale et internationale.

Les leaders kongolais ont eu difficile à se défaire du vieux carcan d'antivaleurs qui maintient le pays dans un statut qui ne permet pas son décollage vers le progrès. On assiste, d'une part, à une pauvreté indescriptible, la faim, le chômage, et d'autre part à un pays dont le sol et le sous-sol regorgent des richesses inépuisables avec une terre très féconde capable de nourrir la population au-delà des frontières continentales. Quel contraste ! Cette calamité qui remet cette société au bas de l'échelle et qui déshumanise tous est plus éloquente et interpelle l'élite intellectuelle en général, le théologien en particulier, ainsi que la masse prolétarienne en vue d'arrêter les stratégies pour sortir de la crise.

Signalons aussi que les problèmes existentiels qui rongent la société kongolaise sont nombreux : athéisme, racisme, éthique manipulée, divorce, avortement, homosexualité, alcool et drogue, suicide, droits des femmes, dettes, peine de mort, désobéissance civile, activité des démons qui agissent sournoisement, furtivement à l'insu des hommes. Comme un virus, le mal attaque tous les rouages de notre civilisation et, petit-à-petit, l'état moral et spirituel du monde se dégrade. En ces temps où le monde est désorienté, où la morale publique est foulée aux pieds et où les parents ne savent plus quelles valeurs transmettre à leurs enfants, nous voudrions profiter de l'occasion pour rendre l'individu conscient des valeurs morales et spirituelles qu'incarnait Joseph. L'individu doit se soumettre à ces valeurs s'il veut éviter de s'autodétruire.

En outre, au seuil de l'apprentissage de la démocratie en République Démocratique du Kongo, ce livre apporte à la connaissance scientifique un détail des éléments de sortie de crise séculière, fournis par ce récit de Genèse 41, 37-49, et susceptible de produire des effets positifs dans la consolidation des valeurs morales, socle d'épanouissement et de développement de toute société humaine.

Ce qu'on vient de dire sur la République Démocratique du Kongo est aussi vrai dans le christianisme : en tant qu'un royaume (gouvernement) dirigé par Jésus-Christ, nous voyons le refus de l'obéissance de l'Autorité établie à la tête de ce royaume (gouvernement) par les différents ministres interprétant les ordres du Chef à leur manière et bafouant la constitution de la nation (la Bible). Citons, en l'occurrence, quelques ordres bafoués par les ministres du royaume (gouvernement) chrétien, sachant que cette liste n'est pas exhaustive :

1) Des associations et des mouvements homosexuels se réclamant de chrétiens existent de nos jours, ouverts à toutes et à tous. A l'exemple de l'association David & Jonathan qui est une association loi 1901 créée en 1972 qui regroupe des homosexuel-le-s en recherche spirituelle.

Nombre de membres de ces associations et mouvements sont engagé-e-s personnellement dans différentes Eglises et certain-e-s sont ministres du culte, prêtres, pasteurs, religieux ou religieuses.

2) La pédophilie, le trafic d'êtres humains, le proxénétisme, les droits de femmes, le libertinage au lieu de la liberté, les différents esprits maléfiques qui manipulent les chrétiens,…les divorces, les mœurs dépravées, plus de morale publique ni de pudeur, les avortements, pour ne citer que ceux-ci, sont autant de maux qui rongent le christianisme aujourd'hui, dégradant l'état moral et spirituel de chrétiens, en particulier, et du monde en général. Tous ces maux ont entraîné la crise que nous connaissons aujourd'hui dans les différents domaines de la vie.

3) La crise des ministères dans les Eglises : « La crise des vocations pastorales a pris dans tous nos pays d'Europe (et d'ailleurs) des proportions dramatiques. Dans toutes les grandes Eglises le nombre des jeunes qui se préparent au saint ministère a diminué de façon inquiétante. Dans l'Eglise protestante, on a fermé ou associé des facultés de théologie. Depuis quelque temps déjà, à la radio, on annonçait aux futurs étudiants qu'il n'y a que trois branches dont l'avenir ne soit pas encombré : la théologie, la physique et la chimie. Dans l'Eglise catholique, la chute des entrées en séminaire fut encore plus spectaculaire, jointe à une désertion du sacerdoce par ceux qui l'exerçaient. Ordinations sacerdotales en France en 1951 : 1028 ; en 1968 :501 ; en 1977 :99. De 1950 à 1976, 2500 prêtres ont quitté le ministère (la moitié d'entre eux pour se marier). A Paris, les trois quarts des prêtres ont plus de 50 ans, dans un autre diocèse la moyenne d'âge se situe au-dessus de 60 ans »(18).

b) LE MODELE JOSEPHITE

En analysant le texte de Genèse ci-haut, nous dégageons la signification et le sens de promotion au leadership selon le modèle joséphite comme voie requise de sortie de crise. Ensuite, cela contribuera à la compréhension du texte pour en tirer une théologie. Et enfin actualisera le message du texte en rapport avec le vécu quotidien des chrétiens en général et de ceux de la République Démocratique du Kongo en particulier, en interpelant ainsi l'Église d'aujourd'hui, voix des personnes marginalisées dans le lobbying en vue d'un leadership visant l'épanouissement et le bonheur des administrés.

BIBLIOGRAPHIE

(1)A.WENIN, Joseph ou l'invention de la fraternité (Genèse 37-50), Bruxelles, Lessius, 2005, p.119.

(2)(La lécanomancie est une sorte de divination recourant à une coupe pleine d'eau et de pierres précieuses), cf.D.ELOUARD, La Genèse et ses mystères, Paris, Desclée de Brouwer, 2001, p.134.

(3)A.WENIN, Op.Cit., p.120.

(4)D.NOCQUET, « Gn 37 et l'épreuve d'Israël. L'intention du cycle de Joseph » in Etudes Théologiques et Religieuses, Genève, Labor et Fides, 2002, p.14-15.

(5)G. von RAD, La Genèse, Traduction d'Etienne de Peyer, Genève, Labor et Fides, 1968, p.384-385.

(6)J. EISENBERG et B.GROSS, Un Messie nommé Joseph, Paris, Albin Michel, 1983, p.330-331.

(7)J.H. ALEXANDER, Isaac, Jacob, Joseph, Aventure familiale pour aujourd'hui, Genève/Paris, Tassin/Maison de la Bible, 1992, p.135-136.

(8)D. NOCQUET, Op.cit., p.13.

(9)D. NOCQUET, Op.Cit., p.15.

(10)R. MBAMA MONGA LIHELE, la praxis populaire, pour une lutte efficace contre les injustices sociales instaurées par un système d'oppression, Mémoire inédit, Bukavu, U.E.A, 2010, p.4.

(11)R. MICHAUD, L'histoire de Joseph le Makirite, Genèse 37-50, Paris, Cerf, 1956, p. 11-13.

(12)G. von RAD, Op. Cit., p.383-384.

(13)G. von RAD, Op. Cit., p. 386.

(14)C.C. RYRIE, Société en crise, Genève/Paris, La Maison de la Bible, 1994, p. 167-168.

(15)E. CHARPENTIER, Pour lire l'Ancien Testament, Nouvelle édition entièrement révisée par J. BRIEND, Paris, Cerf, 1996, p. 6.

(16)A. MARCHADOUR, Genèse, Commentaires, 2ème édition, Paris, Bayard Editions, 1999, p. 219.

(17)KITOKA MOKE MUTONDO, Eglise, protection des droits de l'homme et refondation de l'Etat en RD Congo, Yaoundé, Thèse de doctorat, Yaoundé, UPAC, 2010, p.222.

(18)A. KUEN, Ministères dans l'Eglise, Editions Emmaüs, Saint-Légier, 2003, p. 198-199.

Chapitre 2. ÉTUDE EXÉGÉTIQUE DE GENÈSE 41,37-49

2.1 INTRODUCTION AU LIVRE DE LA GENÈSE

Le livre de la Genèse est le premier d'un ensemble de cinq livres appelés, depuis Philon(1er siècle de notre ère), « Pentateuque »,mot grec qui signifie « les cinq rouleaux ». Les juifs, qui ont regroupé ces cinq livres depuis le IIIe siècle avant notre ère, parlent de la « Torah de Moïse »,ou du « livre de la Torah ». Dans la Bible hébraïque, chaque livre étant désigné par ses propres mots, la Genèse s'appelle Bereshit (« Au commencement »). C'est la traduction grecque des Septante qui lui a donné son titre actuel : Biblos geneseôs (« livre de l'origine » :cf.5,1) ou plus brièvement Genesis(19) .

Selon la tradition juive, l'essentiel de la Révélation est contenu dans les cinq livres du Pentateuque : si Israël n'avait pas péché, il n'y aurait pas eu besoin d'autre chose que de la Torah. Cela veut dire que tout ce qui viendra après, non seulement prend sens par rapport à la Torah, mais ne fait que déployer, faire apparaître au grand jour ce qui est déjà contenu dans la Torah.

Bien que faisant partie de la Torah (ou loi de Moïse), la Genèse contient essentiellement des récits qui concernent les ancêtres du peuple d'Israël, ses Pères, reconnus par les croyants comme leurs Pères. Elle inaugure ainsi une histoire qui se poursuit jusqu'aujourd'hui et intéresse, avec le peuple juif et l'Église du Christ, l'humanité tout entière. La Genèse rapporte divers épisodes de la vie des patriarches, qui ont été groupés de façon à montrer que Dieu intervient constamment auprès d'Abraham et de sa famille en vue de préparer le salut du monde(20). C'est pourquoi les récits patriarcaux sont précédés d'un prologue, qui situe Abraham et ses descendants au sein des peuples de la terre et contient certains chapitres les plus célèbres de la Bible : la création, Adam et Ève, le Déluge, la tour de Babel, etc., qui forment comme un raccourci saisissant de la marche de l'humanité ici-bas, de ses entreprises et ses échecs.

En racontant les origines du monde et l'humanité, les auteurs de la Bible ont directement ou indirectement puisé dans les traditions de l'ancien Proche-Orient, en particulier de la Mésopotamie, de l'Égypte et de la région phénico-cananéenne. Les découvertes archéologiques depuis près d'un siècle montrent en effet qu'il existe entre les premières pages de la Genèse et des textes lyriques, sapientiaux ou liturgiques de Sumer ou d'Ougarit, bien des points communs. En outre, les progrès de l'archéologie révèlent que les écrivains qui ont mis au point et révisé les récits des premiers chapitres de la Genèse n'ont pas été de serviles imitateurs. Ils ont su travailler leurs sources, les repenser en fonction des traditions spécifiques de leur peuple. Parmi d'autres témoins du passé littéraire de l'ancien Proche-Orient, nous pouvons signaler l'histoire babylonienne de la création par le dieu Mardouk, appelé « Enouma Elish », les aventures du héros Gilgamesh qui contiennent une version babylonienne du Déluge, ou encore les grandes tours bâties en l'honneur de leurs divinités par les cités mésopotamiennes qui ne sont pas sans rappeler l'histoire de la tour de Babel(21).

Précisons, par ailleurs, que les récits patriarcaux attestent, bien qu'ils aient été rédigés longtemps après les événements auxquels ils se réfèrent, un réel enracinement dans le milieu où vécurent les ancêtres d'Israël. Une fois de plus les archéologues, notamment par les découvertes relativement récentes d'Ougarit et de Mari, ne permettent de reconnaître à la fois la complexité des traditions patriarcales et leur intégration dans la vie du deuxième millénaire avant l'ère chrétienne telle qu'on la connaît aujourd'hui(22).

2.1.1 La question de l'auteur

La question de l'auteur de la Genèse est inextricablement liée à la question de la rédaction et de l'origine du Pentateuque. À ce propos, Thomas Römer indique que le Pentateuque dans son ensemble est une littérature anonyme, qui ne porte pas de signature d'un auteur identifiable. Toutefois, de nombreux textes législatifs (Ex 24, 4 ; Dt 1,1 ; 4, 45, etc.) sont attribués à Moïse. C'est cette attribution de la Loi à Moïse qui, renchérit Römer, a permis aux traditions juive et chrétienne d'en faire l'auteur de tout le Pentateuque (cf. Mc 12,26 ; 2Co3,15,etc.).Même si l'idée d'une origine mosaïque de la Torah ne fut pas véritablement contestée explicitement jusqu'au XVIIIe siècle, quelques-unes des apories inhérentes à cette conception se firent jour très tôt(23). En l'occurrence le récit de la mort de Moïse et de son enterrement par Dieu en Dt 34. Peut-on imaginer que Moïse lui-même ait décrit sa propre mort ? Certains rabbins en doutaient, suggérant que les derniers versets du Pentateuque avaient été ajoutés après coup par Josué, le successeur de Moïse. Au Moyen-Age, Isaac ben Jésus et Ibn Ezra dressèrent des listes contenant les « post-mosaica », textes plus tardifs de l'histoire d'Israël (par exemple Gn 36,31 ; Nb 22,1)(24). Ces auteurs n'osèrent pas critiquer ouvertement la tradition reçue. Toutefois, des individus isolés ont mis en cause la cohérence littéraire de l'ensemble Genèse-Deutéronome. Le plus éminent d'entre eux fut le philosophe juif Spinoza(1632-1677) qui observa que le Pentateuque forme avec les livres historiques (Josué à Rois) une unité organique, et qu'il ne peut par conséquent avoir été rédigé avant la fin du royaume de Juda(relatée en 2R).Pour lui, le véritable auteur du Pentateuque est Esdras, lequel cherche à donner une identité au peuple juif à l'époque perse(25). Spinoza fut suivi par Jean Astruc (1684-1766), médecin de Louis XV, qui élabora un critère simple pour différentier les deux sources qui, pensait-il, avaient été utilisées dans la composition de la Genèse. En différenciant ces sources sur la base de l'usage de deux noms de Dieu (Élohim et YHWH) Astruc voulait défendre la paternité mosaïque de la Genèse. Mais sa méthode fut bientôt séparée de ses conclusions(26).

En outre, pour ce qui concerne la date de composition de l'histoire de Joseph, Michaud souligne que ce sujet est fort discuté. D'après Vergote, Moïse lui-même en aurait composé la version primitive au XIIIe siècle avant Jésus Christ. Selon Redford, par contre, l'histoire a été écrite vers le Ve siècle avant Jésus Christ. Mais Michaud épouse l'avis des auteurs qui proposent le Xe siècle pour la composition de l'histoire de Joseph(27).

2.1.1.1 Diachronie et question des sources

En plus des anachronismes contenus dans la Torah, ce fut la découverte de différentes ruptures dans la logique narrative et littéraire qui amena les exégètes à soulever la question des sources employées par les auteurs du Pentateuque. Les exégètes observaient donc des contradictions dans les textes de la Torah. Ainsi, selon Gn 7,15, Noé fait entrer dans l'arche une paire d'animaux de chaque espèce ; par contre Gn 7,2 parle de sept paires d'animaux. Selon Gn 4,26, l'humanité invoque le Dieu d'Israël sous le nom de « YHWH » dès les origines, tandis qu'en Ex 3,13-15, ce nom n'est révélé à Israël qu'au moment de la vocation de Moïse. Le comportement du Pharaon face aux plaies d'Égypte est expliqué de deux manières différentes : selon Ex 7,3 par exemple, c'est YHWH qui rend inflexible le cœur du roi d'Égypte, alors que d'autres textes insistent sur le fait que Pharaon lui-même endurcit son propre cœur (Ex 8,11, etc.)(28).

On constate également la présence de plusieurs doublets. Le Pentateuque comporte deux récits de création (Gn1,1-2,3 ;Gn2,4-3,24), deux récits qui apportent la conclusion d'une alliance entre Dieu et Abraham(Gn 15 et 17),deux récits de l'expulsion de Hagar (Gn 16 et 21, 9ss),deux récits de vocation de Moïse(Ex 3 et 6) (29). Notons, enfin, les différences de style et de vocabulaire, la première à être soulevée est le recours des narrateurs à « YHWH » et à « Élohim » pour parler de Dieu(30).

Une manière assez obvie de tenter de résoudre le problème des contradictions, des doublets et des différences de style fut de répartir les passages conflictuels sur des sources, des documents ou des couches rédactionnelles différentes. Isaac de la Peyrère (1655) pense que le Pentateuque contient non seulement des documents écrits par Moïse mais aussi des extraits d'auteurs pré-mosaïques (patriarches) et postmosaïques. Jean le Clerc(1685) estime que l'auteur ou les auteurs du Pentateuque ont eu à leur disposition de très anciennes « archives privées » (comme par exemple Nb 21,14) transmise de générations en génération(31). L'apparition de deux noms différents pour Dieu dans le récit de création conduit H.B. Witter(1711) à postuler deux sources distinctes (Gn1,1-2 et 2,4-3,24) qui auraient été transmises à Moïse par la tradition orale.

Astruc répartit le texte de la Genèse et du début de l'Exode entre deux sources principales : le mémoire A qui utilise « Élohim » et qui débute en Gn1, et le mémoire B qui emploie « Jehowa » et qui prend son départ en Gn 2-3. A côté de ces documents principaux, il repère huit sources fragmentaires. Moïse aurait juxtaposé ces deux mémoires et les autres sources en quatre colonnes parallèles, et ce serait un rédacteur postérieur qui aurait réuni ces quatre colonnes en un seul récit continu(32). Nous pouvons aussi noter qu'au cours de la période qui s'acheva en 1880, plusieurs critères furent élaborés en vue de la délimitation de quatre sources principales dans l'ordre suivant : la source yahviste(J), la source élohiste(E),la source sacerdotale(P) et la source deutéronomiste(D).Aucune d'elles n'était directement liée à Moïse(33). Aussi convient-il de souligner que pour Julius Wellhausen(1844-1918), le Pentateuque était composé de quatre sources principales. Ces sources pouvaient être distinguées les unes des autres sur la base des critères suivants :

1)L'usage des différents noms divins, en particulier YHWH(J) et Élohim(E).

2)L'existence de doublets, c'est-à-dire de récits de base qui apparaissent plusieurs fois, même s'ils peuvent porter sur des personnages différents. Les doublets peuvent être des récits répétés (par exemple les récits des épouses-sœurs (Gn 12,10-20; 20; 26) ou des incidents distincts mis au service d'un même objectif dans le contexte (par exemple les rêves d'étoile et de gerbes de Joseph en Gn 37,5-11).

3)Les différences de style, dont l'usage de deux noms différents pour désigner la même personne, la même tribu ou le même lieu (Reouel/Jétro;Horeb/Sinaï ; Jacob/Israël/ Ismaélites/Madinites).

4)Des théologies différentes, J étant une source qui dépeint Dieu de façon anthropomorphique ; D présentant une forme de théologie de la rétribution ; la source

P regorgeant de préoccupations sacerdotales et mettant en valeur la transcendance de Dieu(34). J (Yahviste) datée de Xe et IXe siècles av. J.-C. ; E (élohiste) de IXe siècle. ; D (deutéronomiste) de VIIe siècle ; et P (sacerdotale) de la période exilique(35). Aussi Wellhausen soutient-il que les couches JE et P(Q) s'étendent jusqu'à la fin du livre de Josué, le récit de la conquête étant une partie intégrante du projet historiographique. Wellhausen propose de parler d'un « Hexateuque » plutôt que du pentateuque, opinion qui ne sera plus guère contestée jusqu'aux travaux de Martin Noth(36). Nous pouvons, en outre, résumer les quatre traditions de la manière suivante :

- La tradition Yahviste. On l'appelle ainsi parce qu'elle emploie le nom de Yahweh dès le récit de la création. Elle est née à l'époque de Salomon, vers 950 av. J.C. dans les milieux royaux de Jérusalem. Le roi y tient une grande place et y fait l'unité de la foi(37). Elle a un vocabulaire caractéristique, un style vivant et coloré, un sens psychologique aiguisé. Sous une forme simple et imagée, elle donne des solutions profondes aux graves problèmes qui font le tourment des hommes. L'histoire de la chute et celle de la dépravation croissante de l'humanité deviennent dans cette tradition une histoire du salut. Ce salut est opéré à la fois par des interventions éclatantes de la part de Dieu et par les œuvres cachées de sa providence. Ainsi, par exemple, on voit Yahweh sauvant Noé du déluge, conduisant Abraham dans le pays de Canaan, y ramenant Jacob, exaltant Joseph, libérant Israël du joug des Égyptiens et le guidant à travers le désert. Notons qu'on ne trouve qu'un seul recueil législatif, le « code yahwiste » d'Ex 34(38).

- La tradition Élohiste. Selon celle-ci, le nom de Yahweh ne fut révélé qu'à Moïse, au Sinaï. Elle appelle Dieu Élohim. Elle est née, vers 750, dans le royaume du nord après que le Royaume -Uni de David-Salomon ait éclaté en deux .Très marquée par le message de prophètes comme Elie ou Osée, elle donne une grande importance aux prophètes. Vers 700 il y eut fusion de J et E à Jérusalem. Cette fusion est appelée parfois jéhoviste (JE). Son style est plus sobre que celui de la tradition yahwiste. Les relations de l'homme avec Dieu y ont un caractère moins marqué d'intimité. Les manifestations divines s'y font sur un plan moins matériel, et tout anthropomorphisme est soigneusement banni. Dieu reste invisible ; il parle du milieu du feu ou des nuages ; souvent il le fait par l'intermédiaire des songes ; plus souvent encore il fait transmettre aux hommes ses messages par des anges. Le « code élohiste de l'alliance » (Ex 21-23) est attribué à cette tradition(39).

- La tradition Sacerdotale est née pendant l'exil à Babylone, dans les années 587 -538 et après. En déportation, les prêtres relisent leurs traditions pour maintenir la foi et l'espérance du peuple(40). Cette tradition s'intéresse tout particulièrement à l'organisation du sanctuaire, des sacrifices et des fêtes, ainsi qu'à la personne et aux fonctions religieuses d'Aaron et de ses fils. Toute la législation de l'Exode, sauf les deux codes de l'alliance, du Lévitique et des Nombres lui est attribuée. Mais les récits eux-mêmes y prennent une couleur liturgique ou légaliste(41).

- La tradition Deutéronomiste est continue dans le Deutéronome, livre qui constitue en grande partie une récapitulation de l'histoire racontée par les livres précédents, à partir de l'Horeb. Il répète aussi les lois édictées auparavant. Ce ne sont pas de simples redites, car toutes ces répétitions sont dictées par une idée qui les fait voir sous un jour nouveau ; et cette idée est que l'histoire témoigne de l'amour de Yahweh pour le peuple qu'il a choisi. Yahweh, en effet, a librement choisi Israël pour en faire son peuple bien à lui, et Israël, en retour, doit le reconnaître comme son seul Dieu et lui rendre un culte dans un sanctuaire unique(42). Commencée dans le royaume du nord, elle fut achevée dans celui de Juda(43). Disons, enfin, avec Wilfrid Harrington que la tradition yahwiste se trouve surtout dans la Genèse, à partir du chapitre 2, dans l'Exode et dans les Nombres.

La tradition élohiste est présente à partir de Gn 20 ou, selon certains, dès Gn15,1-5. La tradition sacerdotale commence avec Gn1 et se poursuit d'un bout à l'autre du livre. Elle continue dans l'Exode et les Nombres et rend compte à elle seule de la rédaction du Lévitique. La tradition deutéronomiste est du Deutéronome seulement. Néanmoins, on retrouve la doctrine et le style du Deutéronome dans les livres de Josué, des Juges, de Samuel et des Rois. Ces livres constituent un corpus littéraire homogène.

Pour Étienne Charpentier, ces quatre traditions et leurs développements seront à leur tour rassemblés en un seul volume : le Pentateuque. Ce travail semble s'achever vers 400 av. J.-C. et on l'attribue souvent au prêtre Esdras(44).

2.1.1.2 La question du devenir du Pentateuque

La question des sources concerne le devenir du Pentateuque. Richard Simon est un des premiers à entrer dans cette problématique en postulant une chaîne de tradition ininterrompue allant de Moïse jusqu'à Esdras. Dès l'époque de Moïse, des écoles de scribes auraient noté tous les événements et toutes les doctrines de l'histoire d'Israël. Après l'exil, tous ces documents auraient été collectionnés et réunis dans les livres du Pentateuque et les livres historiques. Mais comment s'était faite la transmission du texte ? Trois sortes de théories furent développées pour essayer d'expliquer la coalescence de morceaux littéraires d'origines diverses en un seul et même récit continu(45) :

- L'hypothèse documentaire. Cette hypothèse perçoit à la base du Pentateuque deux, trois ou même quatre trames narratives continues (des « sources » ou « documents ») qui, rédigés à des époques différentes et par des milieux différents, auraient été juxtaposées ou imbriquées les unes aux autres par des rédacteurs successifs. Astruc avait distingué dans la Genèse deux sources principales : A(document élohiste) et B(document yahwiste), appelés plus tard E et J, plus dix autres sources mineures. Eichhorn (1780-1783) et Ilgen(1798) étendirent cette distinction à tout le Pentateuque. Ce dernier devait être, selon eux, considéré comme une compilation faite par un auteur inconnu, à un moment indéterminé entre Josué et Samuel, à l'aide de documents rédigés par Moïse et ses contemporains. Les mêmes critiques appelèrent le Lévitique Priestercode(P, Code sacerdotal)(46) .

- L'hypothèse des fragments. C'est un développement de la théorie précédente. Les sources indiquées par celle-ci seraient faites de fragments multiples ayant appartenu à des documents plus anciens, dont certains seraient postérieurs à Moïse. Elle suppose qu'il existait à l'origine un nombre indéterminé de récits épars et des textes isolés (sans continuité narrative).Ceux-ci auraient été réunis ultérieurement par un ou plusieurs rédacteurs-collecteurs. Les défenseurs de cette hypothèse furent initiateurs Alexandre Geddes (1737-1802), Johann Severin Vater(1771-1826) et De Wette (1805)(47) .

- L'hypothèse des compléments. Soutenue par Ewald (1843-1815), Knobel(1857,1861) et Schrader(1869), cette théorie admet au départ l'existence d'une seule trame narrative continue. Au cours des siècles, cette trame aurait reçu de nombreux ajouts et compléments. Cette hypothèse constitue une réaction contre la dissection opérée par la précédente. Il y a, selon elle, une source originale (Grandschrift), qui correspond plus ou moins à la source élohiste, et contient l'histoire du monde jusqu'à Moïse. Elle fut écrite au temps de Juges ou de Samuel. Comme elle renferme bien des lacunes, un ou plusieurs auteurs postérieurs, désignés par le sigle J, s'employèrent à y remédier en faisant des emprunts à une autre tradition ancienne, à partir soit de l'époque de Saül, soit selon d'autres, sous Salomon ou même sous Ezéchias. Le Deutéronomiste aurait été ajouté au septième siècle(48) .

2.1.1.3 La théorie de Gunkel : l'histoire de religions

La « Religionsgeschichte » était en train de voir le jour en même temps que paraissaient les ouvrages fondamentaux de Wellhausen. Cette école avait comme tenants : Wolf Graf Baudissin(1874-1927), Albert Eichhorn(1856-1926),Hermann Gunkel (1862-1932) et Hugo Gressmann(1877-1927). Elle insistait sur la nécessité de ne pas se limiter à la seule détermination des couches littéraires du texte biblique, mais d'aller au-delà, et de chercher à saisir dans leur portée historique primitive la « substance », c'est-à-dire les traditions, les idées, les enracinements sociologiques, religieux et culturels, des textes récupérés par l'analyse littéraire. Cette entreprise devenait possible notamment grâce à la découverte des textes littéraires et mythologiques issus du monde mésopotamien. Selon cette école, les auteurs des sources du Pentateuque ne sont pas les inventeurs des matériaux qu'ils rapportent mais ils sont des collectionneurs et des éditeurs de récits, de légendes et de traditions de l'ancien Israël. Pour Gunkel, tout texte est enraciné à l'origine dans une situation précise et dans un contexte sociologique particulier. Ce contexte se reflète dans la forme du texte en question. D'où la célèbre méthode exégétique"formgeschichte" ou histoire des formes dont Gunkel est l'un des fondateurs(49).

2.1.1.4 La théorie de Noth : l'histoire de la transmission de la tradition

Il sied de signaler avec Jean Joosten et Thomas Römer que l'histoire des traditions tente de décrire aussi précisément que possible les contours des traditions utilisées lors de la construction d'un texte(50). Ainsi, à la suite de Gunkel, Noth a accordé son intérêt aux stades prélittéraires de la formation des traditions qui l'a amené à dire que le Pentateuque s'est formé à partir de grands thèmes provenant de milieux producteurs différents dont les plus anciens sont ceux de la sortie d'Égypte et de l'entrée en Canaan. Tout se joue ainsi dans la période pré monarchique et le Yahwiste qui est pour lui la première source écrite du Pentateuque date de cette époque(51).

C'est aussi à partir de Noth que le concept d'Hexateuque (déjà soulevé par Wellhausen) a été mis en question par sa découverte de l'historiographie deutéronomiste (la manière deutéronomiste d'écrire l'histoire) en 1943. Il a constaté que le style idéologique du Deutéronomiste est omniprésent dans les livres de Josué à Rois et ces livres ont été rédigés à l'époque de l'exil (autour de 560) par un écrivain rédacteur, le Deutéronomiste. La caractéristique du Deutéronomiste est le résultat de la désobéissance d'Israël contre la loi divine. Cette théorie a amené Noth à écarter le Deutéronome du Pentateuque pour avoir le Tétrateuque(52).

BIBLIOGRAPHIE (2)

(19) A. MARCHADOUR, Op. Cit., p.14.

(20) TOB, Edition intégrale, Ancien Testament, « Introduction au livre de la Genèse », Paris, Cerf/Les Bergers et les Mages, 1980, p.37.

(21) TOB , Edition intégrale, Ancien Testament, Op.Cit., p.39.

(22) Ibidem

(23) Th. ROMER, J.-D. MACCHI et C.NIHAN(éd.), Introduction à l'Ancien Testament, Genève, Labor et Fides, 2004, p.67.

(24) Th. ROMER, J.-D. MACCHI et C. NIHAN(éd.), Op. Cit., p.67-68.

(25) Ibidem.

(26) Tr. LONGMAN et R.B. DILLARD, Introduction à l'Ancien Testament, Traduit de l'anglais par C.PAYA, Charols, Excelsis, 2008, p. 31-32.

(27) R. MICHAUD, Op. Cit., p.11-13.

(28) Th. ROMER, J.-D. MACCHI et C. NIHAN(éd), Op. Cit., p.68.

(29) Ibidem

(30) A. DE PURY et Th. ROMER, « Le Pentateuque en question : Position du problème et brève histoire de la recherche » in S. AMSELER et alii, Le Pentateuque en question, 2ème édition, Genève, Labor et Fides, 2002, p.15.

(31) A. DE PURY et Th. ROMER, Op. Cit., p. 15-16.

(32) Ibidem, p. 16.

(33) Tr. LONGMAN et R. DILLARD, Op. Cit., p.32.

(34) Ibidem, p. 32.

(35) O. MAINVILLE, La Bible au creuset de l'histoire. Guide d'exégèse historico-critique, Montréal/Paris, Médiaspaul, 1996, p. 64.

(36) A. DE PURY et Th. ROMER, Op. Cit., p. 25-26.

(37) E. CHARPENTIER, Op. Cit., p. 27.

(38) W. HARRINGTON, Nouvelle introduction à la Bible, Traduit de l'anglais par J. WINANDY, Paris, Seuil, 1971, p. 274-275.

(39) W. HARRINGTON, Op. Cit., p.275.

(40) E. CHARPENTIER, Op. Cit., p. 27.

(41) Ibidem

(42) Ibidem

(43) Ibidem

(44) E. CHARPENTIER, Op. Cit., p. 27.

(45) A. DE PURY et Th. ROMER, Op. Cit., p. 17

(46) W. HARRINGTON, Op. Cit., p. 271.

(47) Ibidem.

(48) W. HARRINGTON, Op. Cit., p. 271.

(49) A. DE PURY et Th. ROMER, Op. Cit., p. 31.

(50) M. BAUKS, C. NIHAN et alii (éd.), Op. Cit., p.214.

(51) Th. ROMER, Op. Cit., p. 74.

(52) A. DE PURY et Th. ROMER, Op. Cit., p. 38.

Chapitre III. LEADERSHIP, SAGESSE ET HERMENEUTIQUE DE Gn 41.37-49.

INTRODUCTION

Comme ci-haut mentionné, Joseph est un personnage exemplaire, qualifié d'intelligent et de sage. Il se laisse à la mouvance de l'Esprit de Dieu et craint Dieu. En opposition avec ses frères. Il est donc le fondateur de leur unité en Égypte. Sa magnanimité et sa sagesse sont les moyens que Dieu utilise pour restaurer l'unité d'Israël(53). Le roi d'Égypte le nomma "Tsaphnat-Panéach", nom que certains savants rendent par" Dieu parle et il vit ou fait vivre" ; d'autres le traduisent par" celui qui nourrit le pays"(54). Il est le vizir qui gouverne avec sagesse et permet ainsi aux hommes d'échapper à la mort. A. Westphal et d'autres semblent soutenir ces propos en ces termes :

« C'est sur les marches mêmes du trône que Joseph va voir tourner à sa gloire le mal qu'on a voulu lui faire. Le Pharaon est dévoré d'inquiétude à la suite du songe des sept vaches grasses et des sept vaches maigres doublé de celui, tout symétrique, des épis). Aucun magicien d'Égypte n'a pu lui donner une interprétation satisfaisante. Joseph, dont l'échanson se souvient enfin, est appelé, et il fournit l'explication demandée. La scène est tout entièrement menée de main de maître. Le Pharaon répète (sans que l'auditoire du narrateur songe à s'en fatiguer) le récit du double rêve. Joseph rapporte à Dieu seul le mérite de son explication, mais ce modeste se montre aussi supérieurement habile en proposant, pour prévenir la famine prévue, un programme précis que, naturellement, le Pharaon le charge d'exécuter lui- même. Et voici l'esclave, le calomnié, le prisonnier, mis à la tête du pays d'Égypte comblé d'honneurs »(55).

Après avoir fait cette brève introduction sur le premier chapitre, nous pouvons aborder sommairement les thèmes de leadership et de la sagesse. En effet, ces deux thèmes sont intimement liés à la péricope faisant l'objet de notre étude. Gerhard von Rad et d'autres auteurs cités par J. Vermeylen corroborent notre avis en écrivant : « Joseph est présenté comme le type du sage, attaché à la cour de Pharaon »(56). Cela étant, l'exposé y afférent que nous présentons ci-dessous contribue non moins à l'approfondissement et à la compréhension du sujet. Esquissons à cet effet quelques notions relatives au leadership.

3.1 NOTIONS DE LEADERSHIP

Le terme "leadership" vient du mot "leader" (d'origine anglaise) qui a comme premier sens "conducteur, guide". Son deuxième sens est" chef, porte-parole d'un groupe, d'un parti ou d'un mouvement politique". Dans le langage des gestionnaires, le mot ''leadership évoque le comportement d'un leader devant son groupe. Le leadership reflète donc le comportement du gestionnaire qui conduit, guide une personne ou le groupe que constituent ses administrés. Autrement dit, toutes les fois qu'un gestionnaire essaie d'influencer le comportement d'une personne ou d'un groupe de gens qu'il gère, il pratique une forme de leadership. Ainsi, le leadership doit être compris comme la façon de procéder d'un individu pour influencer un autre individu ou tout un groupe(57). Ainsi donc, Stogdill identifie les leaders des organisations par les traits suivants :

1. Capacité (intelligence, promptitude, facilité de parole, originalité, jugement) ;

2. Réalisation (érudition, connaissance, accomplissement) ;

3. Responsabilité (sérieux, initiative, persistance, dynamisme, confiance d'exceller) ;

4. Participation (activité, sociabilité, coopération, adaptabilité, humour) ;

5. Statut (position socio-économique, popularité) ;

6. Situation (capacité mentale, aptitudes, besoins et intérêts des disciples, objectifs à réaliser et tâche à exécuter)(58).

Soulignons cependant avec J.Oswald Sanders que le leader spirituel influence les autres moins par la puissance de sa seule personnalité que par une personnalité irradiée, interpénétrée et rendue puissante par le Saint- Esprit. Parce que ce leader permet au Saint- Esprit d'exercer sur sa vie un contrôle sans partage, la puissance de l'Esprit peut jaillir sans obstacles de son être vers les autres(59). Cela dit, le leadership spirituel ne peut être exercé que par des hommes remplis de l'Esprit. D'autres qualifications lui sont également désirables. La plénitude du Saint- Esprit lui est indispensable(60).

Mentionnons, par ailleurs, les qualifications que l'on doit s'attendre à trouver chez un leader spirituel dans plusieurs domaines et types de relation. Il s'agit entre autres de qualifications sociales, qualifications morales, qualifications mentales, qualifications personnelles, qualifications domestiques et qualifications de maturité. En plus de ces qualifications, il doit manifester les qualités suivantes : la discipline, la vision, la décision, le courage, l'humilité, l'intégrité et la sincérité, la patience, le tact et la diplomatie, le pouvoir d'inspiration, la compassion, les capacités administratives et la sagesse.

3.1.1 Les qualités morales d'un dirigeant

Le leader ou l'homme politique doit être un technicien. Pour empêcher qu'il ne devienne un technocrate, en sombrant dans l'indifférence en face de la misère des démunis, il faut que celui-ci soit un homme moral. Dans ce travail nous allons jeter les regards les deux qualités seulement : l'humilité et la compassion.

3.1.1.1 L'humilité

Nous apprenons par l'histoire que, selon le cœur de Dieu, l'humilité fut la première qualité qui attribua à Saul et David la qualité de leader. Les deux rois avaient, en partage commun les mêmes qualités morales « plus petit de tous et humble » (1S 9,16-17 ; 16,13). Cela étant, en Israël les pauvres étaient les privilégiés du roi (Ps 72, 12-14). L'humilité est donc le sentiment de notre bassesse devant Dieu, autrement dit le sentiment de notre insuffisance, et particulièrement de notre pauvreté spirituelle. Le nom hébreu des humbles (anâvim ou aniyîm) dérive en effet de la racine désignant l'affliction, l'épreuve, les caractérise non pas comme des apathiques résignés ou des asservis devenus serviles, mais comme des âmes qui dans le malheur ont pris position morale et religieuse(61).

L'humilité peut regorger en soi plusieurs sens. Si nous considérons le sens du mot grec « tapeinos », traduit par humilité dans le N.T., nous réalisons que ce mot a plus de deux sens ; d'abord dans l'optique de Jc 1,9, il signifie une humble condition sociale. Ceci évitera à ce qu'un grand écart de vie s'installe entre le roi et ses sujets sinon il deviendrait orgueilleux. L'orgueil conduit à la dictature. L'existence d'un roi humain n'était pas en conflit avec l'idéal de la théocratie en Israël, mais plutôt contre un pouvoir égoïste dictatorial(62).

L'égoïsme et la dictature, qui tous émanent de manque d'humilité, contrastent avec la notion de la gestion démocratique de la cité, or, la vision de Yahvé sur la gestion de son peuple était démocratique que dictatoriale. Donc le roi qui régnerait sur Israël devrait avoir une vie sociale humble. Ensuite, « tapeinos » signifie se considérer comme sans moyen et s'abandonner à cet effet à Dieu. Si nous prenons en ligne de compte ce second sens d'humilité, il nous reviendrait à dire que le roi israélite devrait faire preuve totale de dépendance à Dieu. Il est certain que seuls les humbles, qui se sentent dépossédés même s'ils en ont, peuvent faire preuve de la dépendance totale à Dieu, source de toute puissance et toute sagesse et par conséquent ils sont très efficaces. Saül était choisi par Dieu, quand il avait un cœur humble, et lorsque l'humilité a quitté son cœur pour donner place à l'orgueil, il ne pouvait plus rien et fut rejeté par le Seigneur. L'humilité devrait s'accompagner de compassion.

3.1.1.2 Homme de compassion

Une seconde qualité que doit avoir le leader est l'esprit de compassion pour les autres. Selon J.Bauberot et J.P. Willame, " les sujets ne sont pas faits pour le prince … mais le prince pour les sujets…afin de gouverner selon droit et raison".A la suite de J. Bauberot et J. Willame, nous pouvons dire que le roi israélite devrait se mettre en tête qu'il n'est pas propriétaire mais simple gestionnaire. Il a reçu du peuple le mandat de gérer , au bénéfice de tous, la chose publique .La misère criante du peuple, qui ne faisait pas gloire au Seigneur devrait créer une brèche dans la source de larmes contenues dans le cœur du roi, chose qui serait pour lui un stimulus pour une activité en faveur des misérables .Le roi était le lieutenant de Dieu dans la monarchie, c'est-à-dire qu'il dirigeait à la place du Seigneur d'autant plus qu'il le secondait et le remplaçait, or le Seigneur est un Dieu de compassion pour son peuple, donc le roi en tant que lieutenant était contraint de l'être, lui aussi(63).

Par rapport à ce point nous pouvons nous ressourcer dans les qualités physiques des premiers rois choisis par le Seigneur et qui régnèrent sur Israël. Lorsque nous essayons d'examiner les qualités de Saül, nous réaliserons qu'aux motifs religieux de son choix s'ajoutèrent les qualités humaines. La beauté physique et la stature (1 S 9,2b ; 10,23-24). Le but ici est de donner au peuple l'image d'un héros digne de régner sur lui grâce à ses qualités comme aux circonstances quasi divines de son choix(64). Le but de la beauté et de la stature du roi en Israël étant de donner l'image d'un héros digne ; il s'agit d'un leader capable de produire des effets positifs : c'est la potentialité royale dans la conduite du peuple, choses pouvant lui conférer une crédibilité (cf.Dt 14 ; 18-20). En plus de cela un leader doit être modèle dans tout ce qu'il fait face à ses administrés.

3.1.2 L'exemplarité du dirigeant

Il convient de préciser à la suite de Wattier que l'exemplarité est garante du lien social, indispensable en temps de crise. Elle vise en effet, à la fois la posture personnelle du dirigeant, la transparence de sa gouvernance et sa contribution à la résolution des questions humaines et environnements. La crise n'est pas étrangère à la quête d'exemplarité. Il devient illusoire de penser qu'on peut exiger des autres ce qu'on ne s'applique pas à soi-même. Enoncer des grands principes, s'ils sont sacrificiels, ne peut se concevoir sans aucune posture personnelle qui soit à l'unisson. Si les dirigeants sont souvent montrés du doigt pour certains de leurs écarts, c'est principalement parce que trop de catégories sociales souffrent des effets de la crise et n'entendent pas être les seules victimes(65). Le leader doit donc être exemplaire en affichant certaines qualités morales et physiques. Pour jouir d'un leadership meilleur, un leader doit chercher sept clés énumérées ci-dessous.

3.1.3 Les sept clés du leadership

Selon Philippe Wattier et d'autres, il existe sept clés du leadership. Celles-ci ne sont pas une invention conceptuelle. Elles sont la synthèse de réflexions et d'échanges menés avec des leaders politiques, économiques et sociaux, et sont la réponse aux grandes fractures structurelles, rendues saillantes et moins supportables par la crise : fracture de l'exclusion, fracture entre les peuples et leurs élites, fracture individuelle, fracture communautaire, fracture générationnelle(66).

Au sujet des sept clés, cet auteur écrit :

« Avec l'ensemble des auteurs qui ont contribué à cet ouvrage, nous avons relevé sept clés qui sont présentes dans tous les discours que nous avons entendus et qui résonnent à nos oreilles comme des invitations à agir ou à infléchir notre façon d'être. Elle concerne l'inclusion et la diversité, l'exemplarité du dirigeant, la conscience de soi, le « savoir-relier », la résilience, l'engagement sociétal, la recherche de sens »(67).

Les sept clés du leadership ouvrent les portes d'un univers nouveau. Elles sont le paradigme de ce que seront les entreprises et les sociétés dans les années qui viennent. Et donc ce que seront leurs chefs.

Développons succinctement les sept clés :

1. L'inclusion se définit comme la capacité à injecter du sang neuf et du sang différent dans l'organisation, à favoriser la diversité sous toutes ses formes, à développer des concepts novateurs, à encourager la méritocratie, à accueillir les différences et l'incertain(68).

2. L'exemplarité est garante du lien social, indispensable en temps de crise .Elle vise à la fois la posture personnelle du dirigeant, la transparence de sa gouvernance et sa

contribution à la résolution des questions humaines, sociétales et environnementales(69).

3. La conscience de soi évoque l'idée que le leader, par un questionnement sur lui-même aussi poussé et lucide que possible peut parvenir à prendre la pleine mesure de son être, et, par suite, à être leader de lui-même avant de devenir, peut-être des autres(70).

4. Le savoir-relier est la faculté de lier les hommes entre eux et avec soi sans pour autant les relier à soi dans une posture de domination. Il se fonde sur une pratique aiguë de l'écoute ; il est une réponse à la complexité des organisations ; il permet d'accéder à une gestion acceptée des différences ; il apprend sur soi-même(71).

5. La résilience caractérise la capacité ou la difficulté d'un individu à se reconstruire après une expérience traumatique, les dispositions qu'il va devoir mobiliser pour y parvenir et l'aide qu'il va devoir solliciter. Le thème aborde aussi la nécessité de se doter d'organisations résilientes, c'est-à-dire souples et adaptables, pour faire face aux défis du temps(72).

6. L'engagement sociétal est la faculté pour le leader et son entreprise de s'impliquer au sens de l'écosystème, dans sa triple dimension-sociale, humanitaire et environnementale- en y associant ses parties prenantes : salariés, clients fournisseurs et actionnaires(73).

7. La recherche de sens, à l'heure du Web et après des années de crises sociales, ne peut plus reposer que sur la seule force du discours. Elle doit s'appuyer sur des actes, s'inspirer de la marque, remplacer la fierté d'appartenance par la fierté d'adhésion et promouvoir des formes d'organisation du travail confiantes et responsabilisantes(74).

Un leader doit être doué d'un discernement et d'un jugement sûr pour bien administrer le peuple. La sagesse donne à un leader l'équilibre nécessaire et le protège de toute tentative de l'excentricité et de l'extravagance.

3.2 LA SAGESSE

Dans ce sous-point nous allons esquisser sommairement l'essaie de définition de la sagesse, la diffusion de la sagesse, sagesse et religion, la sagesse dans le monde oriental antique, la sagesse et élévation de Joseph. Il importe de parcourir ces notions étant donné que le leadership de Joseph y trouve sa base et son fondement. Son leadership tenait compte de la scrupuleuse observance des commandements de Dieu.

L'Esprit de Dieu lui inspirait donc la sagesse, l'intelligence et le savoir-faire pour le sauvetage de la société.

3.2.1 Essaie de définition de la sagesse

Il n'est pas facile de définir la sagesse. Les définitions proposées par les spécialistes de la Bible restent souvent floues. On trouve peu de critères précis permettant de dire en quoi consiste exactement la sagesse dans l'Ancien Testament(75). Kwasi Ugira exprime cette pensée dans ces lignes : Déterminer ce qui peut être appelé un "corpus sapiential biblique" n'est pas une chose facile ni aisée quand on sait que la sagesse accompagne l'homme de tous les temps et caractérise l'homme de tous les milieux. C'est à juste qu'on l'a qualifiée d' "internationale", c'est-à-dire que ses préoccupations trouvent des échos partout parce qu'il s'agit des problèmes humains(76).

On peut constater que la sagesse biblique ne correspond pas entièrement à la conception occidentale, plutôt intellectuelle et théorique, selon la définition qu'en donnait Descartes : « La sagesse est parfaite connaissance de toutes les choses que l'homme peut savoir. »

Ce n'est pas le cas dans l'Ancien Testament. En Hébreu, la racine des mots que l'on traduit par sage, sagesse a d'abord un sens tout à fait pratique, voire utilitaire. Ainsi un ouvrier capable est appelé sage (Ex36, 8); de bonnes fileuses sont douées de sagesse (Ex 35,25s.) ; un commerçant devient riche grâce à sa sagesse (Ez 28,4s.), et même les ministres d'un gouvernement entrent dans la catégorie des sages (Jr50,35 ;Es19,11). La sagesse évoque l'idée d'un savoir-faire, la capacité d'affronter et de maîtriser les tâches de la vie quotidienne. Le sage est quelqu'un qui possède ce savoir-faire. Et n'importe qui peut, à cet égard, être sage. La sagesse n'est pas donc liée à une certaine classe sociale. Cependant, des sages semblent avoir aussi exercé une fonction ou une profession précise à la cour des rois. Le livre de Jérémie nous montre que les trois groupes sociaux qui se partageaient le pouvoir à Jérusalem étaient les prêtres, les prophètes et précisément les sages (Jr18,18)(77) .Disons donc que la sagesse fait allusion à l'habilité, l'art de vivre, l'expérience et l'observation, la connaissance de l'ordre cosmique, la soumission à la Loi Yahweh.

Gerhard von Rad précise que ce qu'on appelle communément « sagesse » d'Israël en science biblique n'est pas désigné dans la littérature didactique de l'Ancien Testament par un nom unique et valable dans tous les cas. Le mot hébreu חכם ou hokmah poursuit-il, ne revendique pas la priorité comme concept ; car c'est un mot parmi tant d'autres. Il y a les mots de racine identique תבונה et בינה qu'on traduit par « intelligence ». En outre le mot דעת, « connaissance » occupe une large place(78).

Par ailleurs, la sagesse et la prudence sont parfois employées de pair. S'agissant de la sagesse, l'Ancien Testament la rend par hokmah. Les LXX traduisent ce mot par celui de φρόνησις (sagesse ou prudence) et plus tard la Vulgate utilisa les termes de sapientia et de prudentia. C'était esquisser un rapprochement entre le don de discernement que le juif pieux attendait de la sagesse divine, et la vertu de clairvoyance que le philosophe grec s'exerçait à acquérir et inculquer à ses disciples(79).

Qu'est-ce que donc la sagesse ?

Toutes les disciplines qui en sont données autorisent à la définir comme une disposition d'ordre intellectuel, ordonnée à la conduite pratique de la vie individuelle, familiale et sociale(80). Martin Rose corrobore cette définition en disant que la sagesse ne désigne pas en premier lieu une intelligence et un savoir, par contre elle qualifie l'art du savoir-vivre qui ne suppose pas seulement des expériences et des connaissances, mais exige une certaine orientation globale qui donne un sens à la vie(81). La sagesse est connaissance pour l'action, orientée vers l'application. L'Ancien Testament dit à maintes reprises que c'est Yahweh qui donne la sagesse.

Mais pour Gerhard von Rad (cf.Israël et la sagesse, p.68), cette conviction n'a pas toujours été partagée par tous, car les textes qui désignent expressément la sagesse comme un don exceptionnel de Yahweh datent d'une époque tardive. Il renchérit en indiquant que l'idée selon laquelle toute sagesse provenait de Dieu doit avoir été subordonnée à certaines considérations théologiques qui ne sont apparues au premier plan qu'à une époque de maturité relativement récente. Pour les sages qui enseignaient à cette époque, le don de la raison chez l'homme et la capacité de faire des distinctions utiles n'étaient pas sur le même plan que les autres dons de Dieu (honneur, vie, richesse, descendance) mais ils étaient conçus et reconnus comme un phénomène de nature spéciale et surtout de portée théologique particulière. L'idée que la sagesse et la science viennent de Dieu a la valeur d'une affirmation théologique mûrement pesée. Dans ce cas sagesse et science ont cessé d'être quelque chose qui est donné à l'homme « par nature ».À l'occasion, les sages parlent de ce don comme d'un phénomène d'inspiration. La sagesse commence par la crainte de Yahweh, la connaissance de sa souveraine primauté (cf. Pr 1,7 ; 4,5ss, etc.). Il est donc évident que l'Esprit de Dieu peut rendre capable d'accéder à la sagesse. Il importe à cet effet d'examiner succinctement l'étendue de la sagesse à la lumière de la Bible. En effet, la sagesse n'est pas le monopole d'un seul peuple au monde ; elle est l'apanage de plusieurs sociétés humaines.

3.2.2 Diffusion de la sagesse

Selon Thomas Römer la sagesse n'est pas quelque chose de spécifique à Israël. La Bible dit que toutes les nations possèdent la sagesse(Jr10,7).Elle évoque celle d'Assyrie (Es 10,13),de Babylone(Es47,10),d'Édom(Jr 49,7), d'Arabie(1R5,10 ; Jr 49,7) où il est question de deux personnalités nommées Agur et Lemuel cités par le livre de Proverbes 30,1 ;31,1,et surtout celle d'Égypte(Es 19,12).La pensée et la littérature sapientiales sont vraiment un phénomène universel. Les trois amis de Job étaient des sages vivant en Édom (Jb2, 11).Nombreuses sont les cultures qui ont laissé des traces dans les livres. Ainsi les textes poétiques d'Ougarit (cité cananéenne sur la côte syrienne), ou encore les collections des Proverbes sumériennes découverts en Mésopotamie, dont le style est essentiellement énumératif : il s'agit de listes qui cherchent à transmettre un savoir encyclopédique. Mais sans doute c'est la sagesse égyptienne qui eut la plus forte influence sur la sagesse de l'Ancien Testament(82). J. Vermeylen s'allie à ces propos en notant :

Compétence manuelle et intellectuelle, art de vivre, réflexion sur l'expérience, contemplation de l'ordre cosmique et obéissance à la Loi divine, la sagesse n'est pas l'apanage d'Israël. Loin s'en faut ! D'autres peuples du Proche-Orient avaient d'ailleurs une réputation de sagesse beaucoup plus flatteuse, notamment Édom (voir Jr 49,7 ; Ba 3,22-23) et surtout l'Égypte (voir 1R 5,10-11 ; Is 19,11-14).En fait, c'est le Proche-Orient tout entier qui a produit une littérature que l'on peut qualifier de « sapientiale » et dont les premiers écrits sont extrêmement anciens ? La découverte de cette littérature a renouvelé l'exégèse biblique(83).

Disons donc à la suite de L. Monloubou et F.M. Du Buit que depuis longtemps déjà les peuples environnant Israël connaissent la réflexion sapientielle et la pratiquent(84). Il importe de signaler également que le plus bel éloge que la Bible nous a laissé de la sagesse de Salomon est qu'elle surpassait la sagesse des fils de l'Orient et des fils de l'Égypte. À cette occasion, elle cite conjointement des sages que Salomon surpassa et les psaumes 88 et 89 viendraient de Héman et d'Éthan, sages de Canaan, évoqués dans ce passage (cf.1R5 ; 10).Disons, enfin, avec H. Lusseau que la Grèce n'avait pas échappé à la contagion sapientiale, car la civilisation de l'Hellade dérivait de la culture égyptienne(85). Aussi est-il utile de d'indiquer le rapport qui existerait entre la connaissance et la sagesse.

3.2.3 Connaissance et sagesse

Il est indispensable de préciser la différence qui existe entre la connaissance et la sagesse. En effet selon Donald Gee, la connaissance est le matériel brut utilisé par la sagesse. Sans la connaissance la sagesse est diminuée, limitée, comme le serait un architecte compétent avec des matériaux insuffisants ou un homme d'affaires capable, mais disposant d'un capital trop restreint.

La sagesse, par contre, est plus grande que la connaissance, car la connaissance est par elle-même passive. La connaissance a, en elle-même, peu de valeur pratique si elle n'est sagement appliquée. Ce principe vaut aussi pour les choses spirituelles que pour tout autre domaine. Cela dit, lorsque la sagesse et la connaissance vont de pair, selon le plan de Dieu et qu'elles sont si admirablement unies dans les dons de l'Esprit, il ne peut en découler de plus grande bénédiction pour l'enfant de Dieu que la vraie croissance dans la connaissance(86). A. Tanqueret souligne la différence entre les deux dons en ces termes :

Ainsi donc il y a cette différence entre le don de sagesse et le don d'intelligence que celui-ci est un regard de l'esprit et celui-là est une expérimentation du cœur ; l'un est lumière et l'autre est amour : ainsi ils s'harmonisent et se complètent. Mais le plus parfait est le don de sagesse : car le cœur va plus loin que l'esprit, il a plus de pénétration et comprend ou devine ce que la raison ne saisit pas ;... (87).

Par ailleurs, la parole de connaissance vient de Dieu en qui sont cachés tous les trésors de la sagesse et de la connaissance. L'Esprit Saint peut communiquer une manifestation de n'importe quelle partie de la toute connaissance divine quand il lui plaît et comme il le veut. Il est reconnu que la source profonde de chaque manifestation de l'Esprit est en quelque attribut de Dieu, et Dieu connaît toutes choses. Ainsi, une révélation jaillissant de cette connaissance embrassant toutes choses peut être justement décrite comme une « parole de connaissance », tout autant qu'une manifestation de la sagesse céleste venant de la même source divine peut être appelée une « parole de sagesse ».Il y a parole de sagesse lorsqu'on est profondément conscient que la chose la plus juste a été dite et le vrai moyen d'action indiqué. On ne se pose plus d'autres questions parce que le cœur est en repos, satisfait de ce que la volonté de Dieu a été révélée(88).

Ad. Tanqueret précise que la disposition nécessaire pour obtenir le don de la connaissance ou de l'intelligence est une foi vive et simple qui sollicite avec humilité la lumière divine pour mieux saisir les vérités révélées(89). Abordant par ailleurs le don de la sagesse, il note que c'est un don qui perfectionne la vertu de charité, et réside à la fois dans l'intelligence et la volonté parce qu'il répand dans notre âme la lumière et l'amour. Il est donc considéré avec raison comme le plus parfait des dons, celui en qui se résument tous les autres, de même que la charité comprend toutes les vertus. La sagesse étant l'un des dons les plus précieux, il faut le désirer ardemment, le demander avec instance, et le rechercher avec une ardeur inlassable(90). Il est intéressant de souligner des nuances et des liens qui se trouvent entre sagesse et religion dans le Proche-Orient antique.

3.2.4 Sagesse et religion dans le Proche- Orient ancien

Ce qui est admissible, c'est que la littérature sapientiale s'est développée en partie parallèlement au progrès du sentiment religieux. En effet, la sagesse et la théologie vont de pair bien que les thèmes de sagesse débordent le cadre des dogmes, des lois morales et des rites cultuels. Ce développement des doctrines de sagesse et pensée religieuse apparaît assez évident, si l'on considère qu'en Israël une certaine défiance s'est manifestée, avant l'exil, à l'égard de la sagesse, qui se valisait alors un peu trop comme un humanisme suspect(91).

Il est vrai, pourtant, que si les prophètes de Yahvé nourrissaient peu d'estime pour la sagesse des Égyptiens, des Babyloniens et des Phéniciens, c'était que les conseils qu'en déduisaient les Israélites n'étaient ni conformes aux volontés de Yahvé, ni même pratiquement valables au plan politique humain. Mais il est manifeste que les nâbis, Isaïe notamment, et surtout Jérémie, s'en prennent aux scribes égyptophiles ou assyrophiles, qui constituaient l'armature juridico-politique du royaume. Leur sagesse était trop souvent marquée au coin de la ruse, de l'opposition à la loi de Yahvé, ce qui ne pouvait manquer d'aboutir à leur confusion et à la catastrophe que l'on sait(92).

H. Lusseau fait remarquer qu' en Babylonie le nom de sage et le terme de sagesse semblent se référer à l'habileté dans l'exercice des actes cultuels ou de rites magiques autant qu'à la rédaction proprement dite d'écrits sapientiaux. Ainsi on a pu écrire qu'en Babylonie prêtres et sages étaient identifiés.

Néanmoins, cette identification ne serait pas à généraliser. Il serait par exemple bien difficile de démontrer qu'en Égypte, les dépositaires de la sagesse, hommes d'État, familiers des princes, ou scribes, aient été tous de la classe sacerdotale et qu'en Israël, le cas d'Esdras, prêtre et scribe, doive être considéré comme une règle. Nous pouvons donc admettre que la littérature sapientiale s'est développée en partie parallèlement au progrès du sentiment religieux(93).

Soulignons, par ailleurs, que pour devenir maîtres de la sagesse, les candidats pouvaient étudier les écrits de sagesse : sous forme de maximes, fables, paraboles, etc. Nous pouvons exposer brièvement l'apport de la sagesse de quelques nations du Proche-Orient ancien.

3.2.5 La sagesse dans le Proche - Orient ancien

Nous allons exposer sommairement les écrits de sagesse orientale en évoquant l'apport de l'Égypte, l'apport de la Mésopotamie, l'apport de la Syro-Phénicie : Ougarit, la sagesse d'Ahiqar et la sagesse en Israël.

3.2.5.1 L'apport de l'Égypte

Nous connaissons la sagesse égyptienne à partir d'une série de recueils d'enseignement destinés aux hauts fonctionnaires, mais cette sagesse humaine n'est que le reflet d'une sagesse divine. Par rapport à la sagesse divine en Égypte, nous pouvons signaler qu'en Égypte comme dans tout le Proche-Orient ancien, le monde visible est entièrement dépendant d'un autre monde, celui d'En Haut. Avant d'appartenir à l'homme, la sagesse est l'affaire des dieux. Plus exactement, elle représentée par deux divinités principales : Maât et Thot. En fait, Maât, fille Rê (dieu solaire d'Héliopolis, maître de l'ordre du monde, identifié à Amon, roi des dieux), est aussi présentée quelquefois comme sa mère, et dans les mêmes textes. Amon-Rê et Maât sont associés et ne sont qu'une même chose. Représentée par une femme assise, qui porte sur la tête une plume dressée (hiéroglyphe de son nom), Maât est l'harmonie et l'équilibre du monde sorti de l'acte créateur, l'ordre de l'univers, la norme selon laquelle les dieux et les hommes doivent agir. Elle est à la fois le droit et la droiture, la justice et la vérité, le but et le devoir de l'action humaine. Lévi Ngangura Manyanya corrobore ces propos en ces termes :

« Plus qu'une divinité, Maât est l'incarnation non seulement d'un concept métaphysique mais également de l'éthique qu'il faut respecter pour assurer la pérennité de l'équilibre originel. Elle est de ce fait le principe moral qui doit guider les actions des Pharaons mais aussi des hommes : les Juges portent le titre de « prêtres de Maât », Maât étant la déesse qui veille sur les tribunaux, même les plus importants où sont jugés les morts, Pharaon offre son image aux dieux chaque jour pour les inciter à renouveler l'équilibre de la création et selon les préceptes que doivent se comporter les humains ; en Égypte l'expression « parler selon Maât » signifie dire la vérité »(94).

La Maât est donc l'ordre voulu à l'origine par le dieu créateur, ordre sans cesse menacé ou détruit, mais maintenu ou restauré par les Pharaons. L'enseignement des sages consistera, pour l'essentiel, à montrer en quoi consiste la Maât, par l'intelligence et l'expérience, mais aussi par la révélation divine), et comment chacun peut s'y attacher pour trouver la vie. Et la tâche du Pharaon peut se résumer à « faire la Maât »(95). Quant à Thot, il est le plus savant des dieux et inventeur de l'écriture. Il est représenté - parfois sur un monument !- à la fois comme un ibis, comme un homme à la tête d'ibis et comme un babouin. Ce dieu, qui manie l'écriture, le calcul et la magie, est aussi le secrétaire des dieux. Les scribes, dépositaires de la sagesse, sont ses « suivants », sa « corporation », et il est de plus en plus révéré par les écrivains ; c'est lui, dit-on, qui a écrit les grimoires utilisés par les magiciens(96).

En ce qui concerne la sagesse humaine en Égypte, la grande renommée de la sagesse égyptienne tient pour une large part à l'éclat de la vie intellectuelle des milieux royaux. Les « sages »sont avant tout les gens qui gravitent autour de Pharaon (premier dépositaire de la sagesse, comme le fils de Rê, lié à Maât, fille du même Rê) et forment sa cour ou son conseil ; ce sont des conseils cultivés, qui occupent une place privilégiée dans la société, notamment des conseillers du roi, de grands administrateurs, des représentants du Pharaon auprès des souverains étrangers(97). L'apport de l'Égypte est spécialement digne de considération dans l'évolution de la sagesse en Israël. En effet, celle-ci nous apparaît de bonne heure comme une technique administrative, dont le principal initiateur fut Salomon qui ne négligea pas d'introduire des experts égyptiens dans ses cadres officiels lorsqu'il faisait appel à Hiram pour ses constructions. Dès lors la littérature de sagesse, très rudimentaire jusqu'alors en milieu israélite, reçut une impulsion efficace(98).

Les plus classiques des écrits des égyptiens de sagesse sont constitués de recueils d'enseignements : la Sagesse de Ptah-Hotep, la Sagesse de Ka-Gemni, la Sagesse d'Ani, le legs de Kheti à Mérikaré, l'ensignement d'Aménnémopé, l'instruction du roi Aménémes pour son fils Sésostris, l'enseignement loyaliste, les « Instructions de Ankh-Shéshonqy » et de textes relatifs à la question de la souffrance(le dialogue du désespéré avec son ba , les lamentations d'Ipou-Our, le conte de l'Oasien)(99). .Dans le cadre des éléments des sagesses égyptiennes, les qualités suivantes étaient l'obéissance qui requiert de la souplesse, même à l'égard d'un maître irrité, la bonne tenue, l'importance, la justice, l'incorruptibilité, l'affabilité et les vertus familiales et sociales(100). Il est important de mentionner le lien existant entre la sagesse biblique et la sagesse égyptienne.

3.2.5.2 Rapport entre sagesse biblique et sagesse égyptienne

Il importe d'esquisser à la suite de Thomas Römer le rapport qui existe entre la sagesse biblique et la sagesse égyptienne. En fait, la sagesse égyptienne a eu la plus forte influence sur la sagesse de l'Ancien Testament. Les Égyptiens ont inventé le papier, et en ont fait grand usage. Ce n'est donc pas un hasard si la profession de scribe jouait chez eux un rôle considérable. Pour devenir scribe, il fallait fréquenter l'une des écoles de la cour du temple. Le professeur était le « père », et l'élève le « fils ». L'école ou la bibliothèque était appelée « maison de vie ».Dans ces écoles, de nombreux textes sapientiaux ont vu le jour, rédigés par des scribes, mais souvent attribués à des rois, que l'on considérait comme les sages par excellence. Ainsi, puisque le Pharaon était le fils et le vicaire des dieux sur le terre, c'est à lui que les dieux transmettaient la sagesse. On retrouve cette idée dans l'Ancien Testament : le livre des Proverbes et celui de Qohéleth sont tous les deux attribués au roi Salomon. En Égypte ancienne, les scribes occupaient une position importante dans l'échelle sociale.

Il en est allé de même en Israël, comme le montrent les critiques que les prophètes adressaient aux sages (cf.Es 29,14ss ; Jr 51,57). La tâche des sages égyptiens consistait à former l'homme authentique pour lui permettre de vivre dans le monde en conservant et en réalisant l'ordre qui le gouverne(101). C'est cette notion que nous avons appelée ''Maât'' au point précédent. Nous pouvons souligner, enfin, que la sagesse égyptienne a beaucoup contribué pour la sagesse biblique, le livre des Proverbes notamment.

Nous pouvons donc signaler que l'influence égyptienne sur la sagesse biblique est particulièrement perceptible dans une petite collection qui a été intégrée au livre des Proverbes (Pr 22,17-23,11). Son auteur s'est en effet largement inspiré d'un texte égyptien appelé : « Sagesse Aménnémopé » qui fut rédigé entre 1100 et 1000 av.J.C. et qui a joui d'une grande popularité durant tout un millénaire(102). Ce texte concerne le milieu social des sages qui avaient accès à la cour royale : « Le scribe expert en sa charge est trouvé digne d'un homme de cour » (VII, 16-17). L'auteur biblique partage la même opinion : As-tu aperçu quelqu'un d'habile dans ce qu'il fait ? Il pourra se présenter devant les rois au lieu de rester parmi les gens obscurs (Pr 22,29)(103). Notons par ailleurs que le texte égyptien insiste sur l'importance de la justice et la protection du faible : « Garde-toi de voler un malheureux et de t'emporter contre un faible. Ne déplace pas les bornes en bordure des champs » (IV, 4-5 ; VII,

12).Quant à l'auteur de l'adaptation judéenne, il recommande à son tour : Ne dépouille pas le faible : c'est un faible ! et n'écrase pas l'homme d'humble condition en justice : car le Seigneur plaidera leur cause et ravira la vie de leurs ravisseurs…Ne déplace pas une borne ancienne que tes pères ont posée (Pr 22,22-23.28)(104).

Des exemples abondent par rapport à l'inspiration de la sagesse de l'Égypte ancienne à la sagesse de l'Ancien Testament. Nous nous limiterons au seul cas évoqué ci-haut.

3.2.5.3 L'apport de la Mésopotamie

La sagesse mésopotamienne est représentée par quelques personnages fabuleux, dont l'histoire est simplement évoquée ou racontée plus longuement. Le prototype du sage humain, c'est Atrahasis, le « Noé » sumérien, dont le nom même signifie « excessivement sage ».Ce personnage, qui s'appelle Outnapishtim dans l'histoire de Gilgamesh, se caractérise précisément par son obéissance à l'égard d'Enki /Éa.Celui-ci le gratifie d'un songe qui l'avertit du Déluge imminent, lui révélant ainsi le secret des dieux. La littérature sumérienne rapporte la tradition des sept grands sages (apkallou), hommes-poissons d'origine divine antérieurs au Déluge et liés, comme Enki/ Éa, à la cité d'Eridou. Le dernier d'entre eux est Adapa, encore appelé « Outouabzou, qui monta aux cieux » ;ainsi la liste peut être rapprochée de la tradition biblique des patriarches anté-diluviens, dont le septième est Enosh, enlevé par Dieu après 365 ans de vie (Gn 5,24).Ces sept premiers sages, protégés d'Enki/ Éa d'une « sage intelligence » ;une autre liste fait état de sept sages d'avant le Déluge, un sage après la catastrophe, puis de neuf oummanou, « lettrés »ou « experts ».On voit donc une continuité entre les figures purement légendaires et sur-humaines et les figures historiques.

Parmi les sept apkallou, le plus important est Adapa, qui fait d'ailleurs l'objet d'un récit particulier, dont trois fragments ont été conservés. Prêtre d'Éridou « crée comme modèle » par Éa, Adapa est aussi appelé « le Sage ». Convoqué par Anou (dieu du Ciel et chef du panthéon), il suit scrupuleusement les conseils d'Éa, ce qui fait échapper à la terrible colère du dieu, mais fait manquer aussi le don d'immortalité ? Adapa est présenté comme l'auteur de plusieurs œuvres littéraires. Gilgamesh,roi d'Ourouk mi-divin et mi-humain, enfin, est le personnage central d'une épopée bien connue. Dès la première tablette, il est présenté comme « le sage universel qui a connu toute chose : il a vu les choses secrètes et rapporté ce qui était caché, il nous a transmis un savoir plus vieux que le Déluge »(105).

Nous pouvons regrouper à la suite de H.Lusseau(106), les principaux textes de caractère sapiential qui virent le jour en Mésopotamie et en assyro-Babylonie, depuis la fin du Ve millénaire jusqu'à la fin de l'ère hellénistique (64 av.J.-C.) de la manière suivante : sagesse suméro-akkadienne (comprenant les proverbes et les aphtegmes), les fables (adaman dugga) qui sont des duels verbaux, dialogues ou disputes ayant l'objet d'établir celui qui l'emporte, sagesse assyro-babylonienne présente des fragments de divers recueils qui contiennent parfois des maximes qui ne manquent pas de valeur psychologique, ni d'élévation morale. Nous pouvons également citer les collections de maximes et proverbes sumériens, les fables, devinettes et historiettes, les recueilles d'enseignement, les textes relatifs au métier de scribe, les textes traitant la question du juste souffrant(107).

3.2.5.4 L'apport de la Syro-Phénicie : Ougarit

La riche littérature retrouvée à partir de 1929 dans les fouilles de Ras Shamra-Ougarit, sur la côte syrienne, a permis de faire une idée de la civilisation cananéenne du IIe millénaire et d'aspects jusque-là ignorés de sa culture. On n'y trouve pas de recueils de sagesse constitués comme tels, mais des mythes, des légendes, des poèmes qui témoignent cependant d'une réflexion sapientiale. C'est ainsi, par exemple, que le dieu créateur El incarne la sagesse(108). J. Vermeylen renchérit en disant que la sagesse akkadienne était connue à Ougarit. On doit avouer que les relations existant entre les cités syro-phéniciennes sont loin d'égaler celles qui se dégagent des sagesses égyptiennes ou mésopotamiennes. Le cycle de Baal (combat contre la reconstruction d'un temple pour le dieu, lutte de Baal et Môt), la légende d'Aqhat, fils du Sage Danel, le poème des dieux gracieux, le mariage de la lune sont avant tout des récits mythologiques, dont l'Ancien Testament reflète quelques traits plus ou moins colorés. Notons donc la sagesse d'El. (El était en effet le grand dieu des Sémites qui incarne la sagesse. Il est aussi appelé le taureau, le Père des ans, le Miséricordieux au grand "cœur" Ancien des jours") et le culte d'El (serviteur d'El, Kéret, en dépit des vicissitudes de sa vie, connaîtra d'honorables réussites. Ses malheurs ne symbolisent pas forcément des châtiments, ils évoquent plutôt la puissance de la divinité qui l'aidera. On pense spontanément à la crainte de Yahvé qui est le commencement de la sagesse (Pr 1,7 ; 9,10)(109) .

3.2.5.5 La sagesse d'Ahiqar

Traduite et adaptée en plusieurs langues, connue et citée jusqu'en Grèce (Démocrite, Ménandre, Ésope, etc.), l'histoire d'Ahiqar était populaire dans tout le Proche-Orient à l'époque perse. Le texte le plus ancien a été retrouvé dans les archives de la colonie militaire juive d'Eléphantine, en Haute Égypte (Ve siècle av. J.-C.).Ahiqar, que la Bible présente comme un parent de Tobie, aurait été conseiller puissant des rois assyriens Sennachérib(704-681) et Assarhaddon(681-669).Tombé en disgrâce à cause des calomnies répandues par son fils adoptif Nadin, le héros est condamné à mort. Le bourreau, à qui Ahiqar avait antérieurement sauvé la vie, lui substitue cependant un esclave et tient caché. À la nouvelle de l'exécution d'Ahiqar, le Pharaon met Assarhaddon au défi de lui, un homme capable de résoudre les énigmes : s'il ne le fait pas, il devra verser à Égypte un tribut écrasant. Lorsque le roi eut exprimé son regret d'avoir perdu un aussi bon conseiller, le bourreau fait sortir Ahiqar de sa cachette ; celui-ci trouve réponse à toutes les énigmes du Pharaon, puis il obtient de pouvoir se venger de son neveu(110).

3.2.5.5 La sagesse en Israël

Selon la définition principale du dictionnaire cité par J. Vermeylen, la sagesse est la « la connaissance juste des choses ».Au fonds international de la sagesse orientale, Israël devait emprunter largement. La puissance d'assimilation de la pensée biblique, note H.Lusseau, lui fait utiliser ce que les grandes civilisations qui la dominent politiquement lui offrent de meilleur. André Lelièvre corrobore ces propos en termes suivants :

Il faut aussi rappeler que les traditions bibliques soulignent les contacts nombreux, répétés, qu'Israélites et Hébreux ont eus avec les peuples voisins qui possédaient déjà une haute culture sapientiale :contacts anciens avec la cité d'Ur en Chaldée, et avec l'Égypte et sa cour royale(Ex 2,10 ;Ac7,22) ; contacts plus récents lors des périodes d'occupation de Canaan par les armées étrangères, les commerçants d'Égypte, les échanges avec les Phéniciens et leur alphabet, les Araméens du Nord et de Damas, les sages du cousin Édom, les confrontations lors de l'exil …Durant des siècles et des siècles, Israël a eu des relations culturelles et même religieuses avec les peuples qui l'entouraient, et les traces sont nombreuses d'un tronc culturel commun, surtout dans le domaine de la sagesse, cette connaissance du bien faire et du bien vivre .

Ainsi la sagesse israélite a de glorieux antécédents, d'une part, du fait que certains thèmes (l'argent, la colère, les femmes, la paresse, la prudence…)se retrouvent partout, et d'autre part, du fait que certains aspects de la sagesse israélite semblent s'inspirer fortement de celle de tel ou tel peuple voisin(112). Il importe de signaler, en outre, que les « écrits sapientiaux de la Bible sont les témoins d'une réflexion fixée par des intellectuels. H.W. Wolff, E. Gerstenberger et d'autres insistent, toutefois : cette sagesse « savante » puise une bonne partie de ses matériaux dans une autre forme de « sagesse », orale ou populaire, dont la Bible n'a gardé que quelques traces, mais qui n'en est pas moins importante : c'est l'antique « sagesse clanique ou familiale », dont les origines remontent à l'époque semi-nomade. Cette sagesse s'exprimerait avant tout dans les proverbes populaires, mais plusieurs estiment pouvoir en repérer d'autres traces dans le droit et dans les vieilles traditions narratives comme dans la littérature prophétique(113).

À la fin de ce survol sur la sagesse dans le Proche-Orient ancien, il est convenable de présenter l'interprétation et la contextualisation de la péricope qui fait l'objet d'étude dans ce travail.

3.3 CONTEXTUALISATION ET HERMÉNEUTIQUE DE GN 41,37-49

Avant de tirer la conclusion par rapport à ce chapitre, il sied de dresser ces lignes en guise de contextualisation du leadership et de la sagesse de Joseph dans la société mondiale, en général, et celle de la République Démocratique du Kongo, en particulier. La société postmoderne se trouve à la merci de crise sans précédent. Il est évident que l'humanité connaît les temps de la mondialisation de la révolution culturelle. Marguerite A. Peeters abonde dans ce sens en termes suivants :

Par révolution culturelle mondiale nous entendons la propagation mondiale, après la fin de la guerre froide, d'une éthique nouvelle, laïciste dans ses aspects radicaux-éthique qui est le fruit des révolutions féministes, sexuelle et culturelle occidentales du siècle dernier et du long cheminement de l'Occident vers la postmodernité(114).

En réalité, nous connaissons un siècle où la perversion devient de plus en plus aiguë et tend à s'imposer comme valeur sociale. Mais il importe de susciter un retour, non aux structures sociopolitiques du passé, mais au plan originel du Créateur. S'agissant de l'Afrique nous pouvons préciser que les deux dernières décennies ont été, pour l'Afrique subsaharienne, une période marquée par d'importants bouleversements d'origine économique et financière qui ont entraîné une régression quasi systématique du niveau de vie, sinon des conditions de vie des populations(115).

D'une manière particulière, le contexte actuel de la République Démocratique du Congo est très déplorable et catastrophique, et ce sur le plan politique, économique, social et culturel. Pour montrer la crise qui secoue la RDC, Patient Bagenda Balagizi note :

Le Congo présente l'image la plus sombre de la déchéance africaine. Pays connu potentiellement riche et généreusement pourvu par la nature, il est paradoxalement celui où la misère de la population est plus aiguë(116).

Citant le rapport de l'UNICEF, Kyalondawa Nyababa abonde dans le même sens en ces termes :

« Le seuil national de pauvreté est inférieur au seuil international de 1 dollar par personne par jour. Il est de 0,72$ par personne jour. Par rapport à ce seuil national, la proportion des enfants souffrant de la pauvreté monétaire est 56,6% alors que par rapport au seuil international, cette proportion est de 76,6%.Du fait de ce niveau élevé de la pauvreté des enfants, les ménages ayant des enfants sont généralement plus pauvres que ceux qui n'en ont pas, soit 71,3% »(117).

Selon le DSCRP (Document de la Stratégie de Croissance et Réduction de la Pauvreté), le profil de la pauvreté est multidimensionnel. Il diffère selon le milieu de résidence et varie d'une province à l'autre. De plus, les perceptions de la pauvreté se différencient en fonction des groupes sociaux spécifiques. Les conflits que connaît le pays depuis quarante ans a eu un impact négatif sur le bien-être des populations .Celles-ci fustigent la culture d'impunité dans laquelle elles vivent. Cette dernière encourage la corruption, l'injustice et l'exclusion. Cette culture est considérée comme un facteur majeur des souffrances qu'endurent les populations. Soulignons en outre qu'il y a un faible accès aux services sociaux de base (soins médicaux, scolarisation, etc.) et la sécurité alimentaire non garantie : beaucoup de gens souffrent atrocement de la famine. Les fonctionnaires de l'État subissent depuis plusieurs décennies une situation de délaissement qui est à l'origine de l'état actuel de l'administration publique. Les salaires versés sont dérisoires, la gestion des carrières est caractérisée par le clientélisme, les conditions matérielles de travail sont déprimantes, les responsabilités et postes de travail mal définis(118). C'est dans cette optique qu'O.G.P. (Observatoire Gouvernance et Paix) stipule :

« Depuis très longtemps en R.D.C., la gestion de la chose publique a été chaotique et est restée l'exclusivité de seuls acteurs au pouvoir. Les autres acteurs de la vie nationale en sont complètement écartés. Faute de planification nationale, les priorités des instances gouvernementales à tous les niveaux (national, provincial, communal, territorial et local) sont définies par la seule tranche d'acteurs au sommet du pouvoir »(119).

Cela étant, la participation citoyenne dans la prise de décision dans une matière aussi importante à différents échelons est quasi-absente si pas non existante. L'éducation à la citoyenneté responsable et à la culture démocratique devra constituer chantier sur lequel il faudra beaucoup travailler pour que le pays se remette sur la marche de son développement et son épanouissement.

Aussi convient-il de mentionner à la suite de Kabutu Nshimbirwa Biriage un autre élément à la base de la crise sur le plan culturel et religieux dans la société congolaise

: la relativisation de la foi chrétienne en faveur d'autres spiritualités, notamment la libre-pensée ayant ses racines dans le rationalisme du XVIIIe siècle contestant les influences et les valeurs de la foi chrétienne, la forme de spiritualité athée d'Auguste Comte qui considère que le monde théologique de la pensée humaine est élémentaire et enfantin(Comte prône une religion sans Dieu ni âme immortelle, l'humanité devenant elle-même l'Être Suprême et la femme l'objet de culte), la forme d'adoration qui vient des « sciences occultes », telles que la rose-croix, la franc-maçonnerie, le mahicari, le satanisme, la sorcellerie qui utilisent l'hypnotisme, la suggestion, la télépathie, le dédoublement de la personnalité et la forme d'adoration qui vient du spiritisme. En relation avec les sciences occultes, le spiritisme fait appel à l'intervention des esprits pour tel ou tel cas, pour telle ou telle explication d'une situation quelconque. Comme dans la théosophie, l'homme est ici à la recherche du pouvoir, de la possession des pouvoirs nouveaux pour déverser sur d'autres les énergies de son être et s'identifier avec les inférieurs et les souffrants pour leur apporter un soi-disant secourir(120).

Comme si cela ne suffisait pas, on est en présence des serviteurs de Dieu trainés devant la justice pour des affaires d'escroquerie, de pédophilie, d'adultère, ...d'autres aussi sont dans le charlatanisme, la franc-maçonnerie, la rose-croix, la magie, le tribalisme, ...

Face à un pareil contexte extrêmement sombre et inquiétant, nous estimons que les leaders à la manière de Joseph sont recommandés en vue de se défaire de l'impasse. En fait, son histoire qui se déroule presque totalement en Égypte est celle d'un homme rejeté par ses frères, qui est l'exemple même de la réussite politique. Sa carrière extraordinaire est certes dirigée par Dieu qui accorde sa sagesse à un homme persécuté.

Pour sortir de la crise multidimensionnelle qui secoue la République Démocratique du Kongo, il importe qu'il y ait dans la sphère dirigeante non des gens qui relativisent la foi chrétienne en faveur d'autres spiritualités mais des hommes et des femmes qui ont du discernement et marchent humblement avec Dieu. Simbi Saleh Emmanuel corrobore ces propos en ces termes :

...les dirigeants congolais doivent demander à Dieu l'Esprit de discernement et de sagesse par qui ils pourront diriger le pays. Gouverner, c'est prévoir. Cette maxime de sagesse politique n'est malheureusement pas toujours présente en l'esprit des dirigeants qui s'en tiennent trop souvent à des prévisions à court terme et refusent d'ouvrir les yeux sur les dangers que peuvent courir leurs peuples(121).

Cette sagesse qui les amènerait à avoir l'amour envers la patrie est comprise comme l'art de bien conduire surtout dans le chef du roi et mène à la pratique de l'impartialité, de la justice et de l'incorruptibilité. Ils sont tenus de pratiquer la justice car celle-ci est un grand don de Dieu, et il l'accorde à ceux qu'il veut. La corruption sous toutes ses formes est à proscrire et à bannir. Il appartient aux fonctionnaires de se garder afin de ne pas dépouiller un misérable et de faire violence aux faibles. Ce sont ces éléments qui peuvent conduire la société à la dérive et non au rétablissement. Joseph est donc le type d'un homme à suivre car il avait toutes ces qualités. En effet, onzième des fils de Jacob, le premier de Rachel « Et elle lui donna le nom de Joseph, en disant : Que l'Eternel m'ajoute un autre fils ! Fils de Rachel : Joseph et Benjamin » (Gn 30,24 ; 35,24), Joseph est le fils préféré de son père (Gn37,3 ;cf.33, 2,7). Nous pouvons voir en Joseph une préfiguration du Sauveur du monde. Wilhelm Vischer corrobore notre avis comme suit :

Joseph, le fils de Jacob vendu par ses frères, par haine et par jalousie, ne sauve pas seulement Israël, mais aussi l'Égypte. C'est un prélude prophétique au salut du monde par la souffrance du serviteur de Dieu en Israël, salut dont le fondement et l'accompagnement est le sacrifice de l'univers, refusé par les fils d'Israël, vendu pour trente pièces d'argent : Jésus-Christ(122).

Nous pouvons par ailleurs observer que la société africaine vit dans une situation calamiteuse caractérisée par le tribalisme(123). Il s'agit d'un fléau qui handicape les personnes qui cherchent à s'engager dans la transformation du monde à la lumière de la foi chrétienne. En effet, le tribalisme, qui dans un langage large, signifie un amour excessif, une fierté exagérée (ou chauvinisme) qui va au détriment du respect et de l'ouverture à l'autre, et fait souvent l'objet de manipulation pour l'accès au pouvoir ou à des biens matériels est un phénomène lié aux facteurs de stéréotypes et préjugés, la peur de l'autre, généralisations abusives(124). Les Églises africaines subissent les influences du milieu dans lequel elles évoluent. C'est dans cet ordre d'idée que Kyalondawa Nyababa écrit :

Le tribalisme a établi domicile dans beaucoup d'Églises africaines. Loin de généraliser la situation et encore moins de la minimiser, les Églises africaines connaissent le taux de tribalisme le plus inquiétant. Bien des Églises sont constituées par des tendances tribales. Il faut souligner que le tribalisme dans les Églises africaines ne consiste pas à limiter l'annonce de l'Évangile aux seuls membres de sa tribu. Toutes les tribus sont intéressées. Le tribalisme est plutôt observé dans la répartition des postes de responsabilité. Animé par le souci de se maintenir paisiblement à la tête de l'Église, le responsable (évêque, curé, pasteur, prophète, chef spirituel) se fait entourer de ses frères et sœurs ou de leurs enfants. Ces derniers ont le privilège d'accéder très jeunes à la formation en vue d'occuper les postes les plus importants et pour prendre enfin la relève de la direction de l'Église. Ainsi le conseil paroissial de l'Église se constitue non pour défendre les intérêts de l'Église mais plutôt pour défendre des intérêts tribaux(125).

Il renchérit que très souvent, le sentiment d'appartenance à sa communauté tribale dévie vers le tribalisme. Dans ce cas l'individu valorise trop sa tribu. Chez lui comme à son poste de travail, il se fait entourer par les membres de sa tribu. Le tribalisme aveugle à tel point qu'on ne voit pas les performances de gens d'autres tribus. On se borne à un seul groupe, même s'il s'agit des gens moins doués et incapables d'assumer leurs responsabilités honnêtement(126). Il est donc évident que dans la société congolaise la promotion est souvent conditionnée non par le talent, la capacité, le savoir-faire de la personne qui en est dépositaire, mais par le lien du sang ou de clientélisme.

Si telle est la situation des Eglises africaines, nous voyons en Europe des Eglises rassemblant des chrétiens originaires d'une même nationalité : ainsi, on trouve des Eglises des Ivoiriens, des Kongolais, des Antillais, des Nigérians, des Indiens,...

Il y a ainsi lieu de noter que la société séculière et l'Église sont loin de se comporter comme Pharaon qui, en dépit de son état idolâtre et polythéiste, découvrit que l'étranger et l'esclave Joseph était un homme qu'il fallait pour sauver la société égyptienne menacée par une terrible calamité. Ce roi païen eut la révélation de l'Esprit de Dieu dans Joseph. Cet Esprit lui donnait la sagesse, l'intelligence et les charismes extraordinaires pour s'acquitter de sa charge envers Dieu et les hommes. Cet hébreu prisonnier, esclave et étranger de son état fut promu par le Pharaon dans une société qui adorait plusieurs divinités.

En élevant Joseph à la haute magistrature, Pharaon et son peuple ont eu des résultats positifs : ceux de sauver les vies humaines pendant les sept années de la famine qui secoua le pays et les régions avoisinantes. D'aucuns se demanderaient pourquoi une telle stratégie qui s'est avérée efficace en Égypte ne devrait pas s'appliquer dans la société africaine en général, et dans la société congolaise en particulier afin de sauver les peuples déshumanisés, appauvris au fond du gouffre et se trouvant dans la déchéance morale, spirituelle et matérielle !

Par ailleurs, en sa qualité d'hébreu croyant, fidèle à Dieu, élevé par le Pharaon, Joseph était entouré de païens. Nous pouvons être curieux de connaître la manière dont il a vécu parmi ces non craignant Dieu et comment il a gardé sa foi dans ce contexte particulièrement différent de celui de son milieu de provenance dans la mesure où Daniel Elouard note que le rayonnement de la civilisation égyptienne était tel que les nouveaux venus abandonnaient plus ou moins rapidement leurs croyances pour opter celles de leur nouveau pays(127). Mais Joseph a su marcher fidèlement avec Dieu qu'il est aligné parmi les héros de la foi étant donné qu'il prédit l'exode des fils d'Israël et donna des ordres au sujet de ses ossements « C'est par la foi que Joseph mourant fit mention de la sortie des fils d'Israël, et qu'il donna des ordres au sujet de ses os » (Hébreux 11

BIBLIOGRAPHIE(3)

(53) D. NOCQUET, Op. Cit., p. 20.

(54) A. WESTPHAL et alii, Dictionnaire encyclopédique de la Bible, Tome I, Valence-sur-Rhone, Imprimeries réunies, 1956, p. 679.

(55) Ibidem.

(56) J. VERMEYLEN, A la recherche du bonheur, Sagesse du Premier Testament, Bruxelles, Centre d'Etudes Théologiques et Pastorales, 1996, p. 9.

(57) Y. GIRARDIN, Op. Cit., p. 118.

(58) A. D'SOUZA, Le leadership, Vol.I, Kinshasa, Paulines, 2008, 2ème édition, p. 25.

(59) J. OSWALD SANDERS, Le leader spirituel, Marne-la-Vallée, Farel, 2006, p. 23-24.

(60) Ibidem, p. 88.

(61) A. WESTPHAL et alii, Op. Cit., p. 529.

(62) E.J. YOUNG, An introduction to the Old Testament, WMB Eerdmans, s.l., 1964, p. 100.

(63) B. GILLIERON, Dictionnaire biblique, Aubonne, edition du Moulin, 1990, p. 1970.

(64) Ibidem.

(65) P. WATTIER et alii, Les 7 clés du leadership, Paris/Montréal/Québec, l'Archipel, 2011, p. 49-51.

(66) P. WATTIER et alii, Op. Cit., p. 13.

(67) Ibidem, p.17.

(68) Ibidem, p. 21.

(69) Ibidem, p. 49.

(70) Ibidem, p. 97.

(71) Ibidem, p. 115.

(72) Ibidem, p. 133.

(73) Ibid., p. 159.

(74) Ibid., p. 213.

(75) Th. ROMER, « La sagesse dans l'Ancien Testament, Proverbes, Job, Oohéleth » in Cahiers bibliques n°3, Aubonne, Editions du Moulin, 1991, p. 3.

(76) KWASI UGIRA, La problématique de la mort dans les écrits sapientiaux postexiliques. Une contribution à la relecture du Yahviste, Thèse de doctorat, Faculté Universitaire de Théologie Protestante de Bruxelles, 1988, p. 89.

(77) KWASI UGIRA, Op. Cit., p. 4.

(78) G. von RAD, Israël et la sagesse, Genève, Labor et Fides, 1970, p. 66.

(79) Ph. DELHAYE, La conscience morale du chrétien, Paris, Desclée, 1963, p. 40.

(80) H. LUSSEAU, « Les autres Hagiographes » in H. CAZELLES, Op. Cit., p.553.

(81) M. ROSE, Une Herméneutique de l'Ancien Testament, Genève, Labor et Fides, 2003, p. 209-210.

(82) Th. ROMER, « La sagesse dans l'Ancien Testament, Proverbes, Job, Oohéleth », Op. Cit., p.4-5.

(83) J. VERMEYLEN, Op. Cit., p. 18.

(84) L. MONLOUBOU, F.M. DU BUIT, Dictionnaire biblique universel, Paris, Desclée, 1985, p. 662.

(85) H. LUSSEAU, « Les autres Hagiographes » in H. CAZELLES, Op. Cit., p. 534-535.

(86) D. GEE, Op. Cit., p. 42-43.

(87) AD. TANQUERET, Précis de théologie ascétique et mystique, 8ème édition, Paris, Tournai, Rome, Desclée et Cie, 1928, p. 842.

(88) AD. TANQUERET, Précis de théologie ascétique et mystique, Op. Cit., p.36 et 38.

(89) AD. TANQUERET, Précis de théologie ascétique et mystique, Op. Cit., p. 840.

(90) Ibid., p.840-842.

(91) H. LUSSEAU « Les autres Hagiographes » in H. CAZELLES, Op. Cit., p.537.

(92)Ibidem

(93)Ibidem

(94)L. NGANGURA MANYANYA, Figures des femmes dans l'Ancien Testament et traditions africaines, Paris, Harmattan, 2011, p. 264.

(95)J. VERMEYLEN, Op. Cit., p. 19-20.

(96)Ibid., p. 21.

(97)J. VERMEYLEN, Op. Cit., p.20-21.

(98)Ibid., p. 538-539.

(99)J. LEVEQUE, « Sagesse de l'Egypte ancienne » in Supplément au cahier Evangile n°46, Paris, Cerf, 1983, p. 10-53.

(100)H. LUSSEAU, « Les autres Hagiographes » in H. CAZELLES, Op. Cit., p. 546-549.

(101)Th. ROMER, « La sagesse dans l'Ancien Testament, Proverbes, Job, Oohéleth », Op. Cit., p. 5.

(102)Th. ROMER, Les chemins de la sagesse, Proverbes, Job, Oohéleth, Poliez-le Grand, Editions du Moulin, 1999, p. 13.

(103)Ibidem

(104)Th. ROMER, Op. Cit., p.13.

(105)J. VERMEYLEN, Op. Cit., p.33-34.

(106)H. LUSSEAU, « Les autres Hagiographes » in H. CA ZELLES, Op. Cit., p. 552-562.

(107)J. VERMEYLEN, Op. Cit., p. 36-42.

(108)Ibid., p. 46.

(109)H. LUSSEAU, « Les autres Hagiographes », Op. Cit., p. 563-565.

(110)J. VERMEYLEN, Op. Cit., p. 45-46.

(111)A. LELIEVRE, La sagesse des proverbes, une leçon de tolérance, Genève, Labor et Fides, 1993, p. 23-24.

(112)Ibidem

(113)J. VERMEYLEN, Op. Cit., p.50.

(114)M.A. PEETERS, La mondialisation de la révolution culturelle occidentale(s.l.), (s.éd.), (s.d.), p. 11.

(115)KYALONDAWA NYABABA, Op. Cit., p. 292.

(116)P. BAGENDA BALAGIZI, Crimes, pillages et guerres, le Congo malade de ses hommes, Paris, Gideppe, 2000, p. 5.

(117)KYALONDAWA NYABABA, Op. Cit., p. 292.

(118)La République Démocratique du Congo (RDC), Document de la Stratégie de Croissance et de Réduction de la Pauvreté (DSCRP), Kinshasa, Mirak Impressions, 2006, p. 16-27.

(119)Observatoire Gouvernance et Paix (OGP), Congo : Poches trouées-Flux et fuite des recettes douanières au Sud-Kivu, Bukavu, Le SMART, 2005, p. 6.

(120)KABUTU NSHIMBIRWA BIRIAGE, Le phénomène chic-choc-chèque, Kinshasa, cepropas, 2003, p. 98-101.

(121)E. SIMBI SALEH, Pouvoir et contrepouvoir d'après 1R 12,1-9 : De nouvelles stratégies de libération des faibles, Mémoire inédit, Bukavu, U.E.A, 2008, p.101.

(122)W. VISCHER, La loi ou les cinq livres de Moise, Neuchatel, Delachaux et Niestlé, 1949, p. 214.

(123)R. GMUNDER et J.B. KENMOGNE, Pour vaincre le tribalisme, Bafoussam, CIPCRE-CEROS, 2002, p. 17.

(124)Ibidem.

(125)KYALONDAWA NYABABA, Enjeux de l'inscription du christianisme dans une culture africaine de frappe écologique. Cas des Pygmées Batwa en Afrique centrale, Thèse de doctorat, Université de Lausanne, 2011, p. 287.

(126)Ibid., p. 286.

(127)D. ELOUARD, Op. Cit., p. 141.

Chap. IV. JOSEPH, L'OMBRE DE JESUS-CHRIST

Joseph, une image du Seigneur Jésus : comme Lui, il souffrit pour devenir le Sauveur du monde. Avant de montrer la similitude qui existe entre Joseph et Jésus, il convient de signaler quelque chose de très important ici : « Joseph ne possédait pas de Bible et n'avait pas même les dix commandements. Pourtant, une piété véritable caractérisait sa vie entière »(128). Joseph ne connaissait rien du Seigneur Jésus et il dut agir sans le bénéfice d'un modèle qu'il aurait pu imiter.

En lisant la Bible, on se rend compte que le Seigneur Jésus a rendu témoignage de la méchanceté des hommes, tout comme Joseph a rendu témoignage de la méchanceté de ses frères. Joseph glorifia son père et Jacob glorifia son fils. Combien Dieu le Père a glorifié son Fils bien-aimé ! Quelle gloire le Fils n'avait-il pas déjà auprès de son Père avant de venir sur cette terre !

Voyons ce que dit Gerard H.Elbers : « Les frères de Joseph le virent de loin, et avant même son arrivée ils avaient comploté contre lui pour le faire mourir. Ils ne voulaient pas de cet homme qui pouvait leur donner des nouvelles de leur père. Ils ne pensaient nullement à leur père ; ils avaient mauvaise conscience et leur orgueil était blessé. Nous discernons cela par leur remarque à l'endroit de Joseph lorsqu'ils le reconnurent. Il est vraiment important de savoir ce qu'ils dirent précisément. Ils ne dirent pas que leur petit-frère arrivait, que ce rapporteur importun approchait, que ce garçon avec sa belle tunique venait les espionner... Ils dirent : « Le voici, il vient, ce maitre songeur !(...) et nous verrons ce que deviendront ses songes » (Gen 37.19). Qu'avait songé Joseph ? N'était-ce pas que ses frères et ses parents se prosterneraient un jour devant lui ? C'est la conclusion à laquelle les frères de Joseph avaient abouti, et ils avaient été piqués au vif. Ils ne pouvaient se résoudre à devoir se prosterner devant leur frère plus honoré et plus aimé qu'eux, celui à qui leur père s'intéressait davantage. Seraient-ils, eux, inférieurs ? Serait-il,-lui, le plus élevé ? Cette seule pensée les incitait à vouloir le tuer. Ils voulaient se débarrasser de lui à tout prix.

Aux jours du Seigneur également, Hérode ne pouvait supporter la pensée qu'un autre roi avait pu naitre. Les scribes l'avaient mis au courant de cette nouvelle. Hérode en avait fait part aux mages venus de l'Orient. Mais cela ne signifiait aucunement qu'il se réjouissait de cette perspective ! La pensée des mages venus de l'Orient pour honorer un autre que lui suscitait en lui des intentions meurtrières. Honorer quelqu'un d'autre ? Les pharisiens, les sadducéens, les scribes et d'autres chefs spirituels ne pouvaient supporter d'entendre les paroles prononcées par Jésus concernant la vie éternelle. Ils ne pouvaient accepter que le peuple boive chacune des paroles de Jésus et dise qu'il parlait avec autorité. Cette atteinte à leur honneur les rendait meurtriers. Ils méditaient des plans pour tuer Jésus, pourtant lui, plus que quiconque, pouvait et voulait leur donner des nouvelles du Père. Jean 1.18 l'exprime clairement. Le Seigneur Jésus était dans le sein du Père et le connaissait mieux que quiconque.

Le traitement infligé à Joseph nous fait penser à l'humiliation que le Seigneur Jésus a dû subir, mais il est dit de Jésus qu'il s'est abaissé lui-même (Ph 2.5-8), mais des hommes pécheurs ont tout fait pour l'humilier, l'opprimer, le mépriser. Les hommes pécheurs ont arraché ses vêtements, l'ont frappé et ont craché sur lui. Ils se sont moqués de lui et l'ont vêtu comme un faux roi. Jésus a dû marcher seul sur le sentier de la souffrance (Jésus parcourut seul ce sentier de souffrance de son plein gré pour glorifier Dieu et pour sauver des pécheurs) ; tous l'abandonnèrent, Judas le trahit et Pierre le renia. Quelle cruelle humiliation !   Mais on ne lit pas que Joseph se soit plaint, qu'il ait protesté ou qu'il se soit efforcé de conclure un marché. Il est même étonnant que ne soient mentionnés ni échanges, ni discussions, ni protestations. Joseph ne négocia pas, il ne promit pas de se taire au sujet de la méchanceté de ses frères ; ne promit pas de se ranger, quelque peu, de leur côté par la suite ; mais il demanda grâce.

D'une part, Joseph fut vendu pour une somme dérisoire de 20 pièces d'argent alors que la valeur normale d'un esclave était de 30 pièces (Ex 21.32). Ce fut le summum de l'humiliation. D'autre part, on voit Jésus, Celui qui soutient toutes choses par la parole de sa puissance(Héb 1.3), celui qui est l'image du Dieu invisible, celui par qui toutes choses ont été créées et par qui toutes choses subsistent (Col 1.15-17), est devenu Homme ; fatigué, il s'est assis au puits de Sichar ; a éprouvé une profonde douleur lors de la mort de Lazare ; il n'avait pas ou reposer sa tête ; il s'est abaissé jusqu'à la mort, à la mort de la croix. Il est devenu malédiction pour nous en mourant sur la croix (Gal 3.13). C'était pour glorifier Dieu et pour nous ouvrir le chemin vers Dieu qu'il s'est ainsi humilié ;…

Joseph est une image du Seigneur Jésus. Comme lui, il a souffert pour devenir le Sauveur du monde. Denis O'HARE déclare : « Joseph, l'administrateur. Type de Christ, plein de sagesse et le Sauveur de son peuple. Dans le dernier chapitre de la Genèse, nous apprenons comment les frères de Joseph ont voulu lui faire du mal mais comment Dieu l'a changé en bien pour le salut de la nation »(129).

BIBLIOGRAPHIE (4)

(128)G. H. ELBERS, L'histoire de Joseph, Le messager chrétien, Marquis imprimeur inc., Québec, Canada, 2009, p.19.

(129)DENIS O'HARE, Tous les noms de la Bible et leur signification- Le symbolisme biblique, s.éd., France, 2005, p.40.

CONCLUSION GENERALE

Joseph est le leader modèle à suivre pour le rétablissement d'un gouvernement en crise. Il est, pour le Pharaon, un homme sage, intelligent, exceptionnel et incomparable, étant donné qu'il n'y a personne comme lui dans tout le pays d'Egypte.

En effet, après l'interprétation de songe, le Pharaon constata que l'Esprit de Dieu se trouvait en Joseph et lui communiquait l'intelligence, la sagesse et le savoir-faire. C'est alors qu'il va promouvoir cet étranger esclave et prisonnier qu'il venait de libérer. Joseph interprète le rêve de Pharaon en disant qu'il y aura sept années d'abondance puis sept années de famine. Joseph ne se contente pas d'analyser le rêve, il propose des solutions pratiques pour pallier la crise qui s'annonce. Ses propositions simples et détaillées, et surtout présentées comme une suite naturelle à l'interprétation, font la plus grande impression sur Pharaon et son entourage. Ce qui frappe c'est l'esprit d'initiative de Joseph : s'il y a crise, il importe de prendre sur-le-champ les mesures nécessaires, afin de diriger l'événement et non de le subir. Voilà un ton qui tranchait étrangement avec l'acceptation passive, la soumission à la fatalité qui accompagnait les explications avancées par les devins égyptiens. Joseph suggère tout d'abord de nommer un ministre du plan qui ait les pleins pouvoirs (Gen 41.33). Ensuite, de créer une administration pour gérer les récoltes (Gen 41.34).

Enfin, de constituer des réserves (Gen 41.35). Il est malgré tout remarquable de voir que Joseph se transforme soudain en homme politique et en conseiller économique aussi avisé. Il administra le pays en mettant en pratique les recommandations qu'il avait faites au Pharaon (Gen 41.47-49,53-57). Et lorsque les années de famine s'abattent sur le pays et tous les autres pays voisins, la sagesse de Joseph permet d'éviter la détresse trop grande. Bref, sa magnanimité et sa sagesse sont les moyens que Dieu utilise pour restaurer l'unité d'Israël. Toutes ces bonnes qualités imputées à Joseph nous autorisent à postuler qu'il est un modèle à suivre pour guérir une société secouée par la crise multidimensionnelle émaillée de vices et calamités de tout bord. Non seulement le Pharaon approuve les mesures préconisées par Joseph, mais également il confia aussitôt à celui-ci la mission de mettre ce plan en œuvre. Il reconnut que Joseph était un homme conduit par Dieu (41.38) et ne vit personne d'autre qui fut aussi intelligent et aussi sage (41.39). C'est ainsi que Joseph occupa le poste le plus élevé, juste après le Pharaon (41.40). Cette promotion de Joseph à la magistrature égyptienne n'a nullement scandalisé les égyptiens dans la mesure ou le

Pharaon avait pris des dispositions utiles et nécessaires en organisant une cérémonie appropriée pour la circonstance et en donnant, pour femme à Joseph, Asenat, fille de Potiphéra, prêtre d'On. Par ce geste, Joseph s'intégra totalement dans la société égyptienne. Mais en dépit de son intégration, il demeura fidèle à Dieu et restait un Nazaréen parmi les idolâtres. Le Pharaon qui avait de Dieu une connaissance beaucoup plus limitée que la nôtre, peut servir d'exemple pour savoir comment prendre de bonnes mesures politiques pour que personne ne meure de faim en temps de famine. Les décisions à prendre doivent faire abstraction des liens du sang ou des relations tribales et ne voir que la personne la plus compétente pour le travail. En Egypte, ce fut un hébreu qui se montra le plus qualifié pour occuper le poste, et le Pharaon, animé de sagesse, n'hésita pas à le lui confier.

Les Kongolais et les Chrétiens ont le devoir et l'obligation de militer pour le changement positif des choses s'ils ne veulent pas que les famines les ruinent année après année les plongeant dans une crise sans fin. Ces deux gouvernements doivent se rendre de plus en plus indépendants de l'endettement extérieur, et doivent relancer l'agriculture et stocker suffisamment leurs vivres dans chaque ville pour nourrir les populations victimes de l'insécurité alimentaire à la base de tant de maux.

« Les traditions juive, chrétienne et musulmane voient en Joseph une figure exemplaire de sage, modèle de chasteté et de bonne gestion des affaires. Les pères de l'Eglise, comme Chrysostome, ont prêché sur Joseph, figure du Christ souffrant et pardonnant à ses frères. Rejeté par les siens, calomnié et emprisonné, Joseph devient finalement le maitre de tous, celui qui sauve de la famine et qui réconcilie ; il préfigure Jésus, Sauveur de tous par sa passion et sa Résurrection » (Alain Marchadour).

Dans une société en crise caractérisée par la mondialisation de la révolution culturelle, le relativisme à la foi chrétienne, le racisme, le tribalisme, l'éthique manipulée, l'homosexualité, l'alcool et la drogue, le suicide, l'intense activité des démons même dans les milieux chrétiens, la pauvreté, la faim chaque membre de l'Eglise doit s'inspirer du modèle de Joseph en vue d'une vie digne contribuant à l'épanouissement social et spirituel. Notre société a tellement besoin, si elle veut sortir de l'impasse, des leaders à la manière de Joseph dotés de discernement, de l'intelligence et de la sagesse et surtout de l'altruisme. Ils ne devraient pas être de ceux-là qui relativisent la foi chrétienne en faveur d'autres spiritualités. Ils devraient tenir leur pouvoir par la sagesse qui peut être obtenue par la reconnaissance de la volonté divine dans les craignants-Dieu et ses fidèles serviteurs.

Au milieu d'une société en dérive, l'Eglise a un grand rôle à jouer : elle doit sans cesse préserver la foi saine, la fidélité à Yahweh, l'observance de la loi de Dieu et l'Evangile de Christ. Chaque membre de l'Eglise a tout intérêt d'être à la quête permanente de la connaissance (2Pi 1.5), de la sagesse d'en haut (Jc 3.17) et la plénitude de l'Esprit de Dieu. La sagesse de Dieu se caractérise par la paix, la modération, la réconciliation, la sincérité, l'impartialité, l'incorruptibilité, de bons fruits, la charité, l'altruisme, l'humilité, l'amour de servir, etc. C'est à l'aide de ces éléments qui caractérisent la vie de Joseph que les leaders de la société et de l'Eglise peuvent être en même de sauvegarder des vies exposées à de terribles calamités. Cette Eglise qui est souvent prisonnière de tribalisme doit faire le meilleur d'elle-même pour se libérer de ce carcan risquant d'hypothéquer sa noble mission : celle de porter Christ au monde. Ceci n'est possible que lorsqu'elle se met à la recherche passionnée de la sagesse de Yahweh et à gérer correctement les dons de ses membres en vue de l'épanouissement social et spirituel des uns et des autres. La société comme l'Eglise doivent, sans se baser de liens du sang, promouvoir les personnes vertueuses craignant Dieu et remplies de l'Esprit Saint. C'est la meilleure voie de contrecarrer la crise multidimensionnelle qui secoue la société.

Frères et sœurs, Joseph est l'image, l'ombre de Jésus-Christ, notre Seigneur et Sauveur, qui fut glorifié et apporta le salut après avoir souffert. Il s'appelle :

1. Jésus notre Sauveur (Mt 1.21)

2. Emmanuel (Mt 1.23)

3. Le Christ, le Messie (Mt 16.16 ; Ac 17.3)

4. Le Fils de Dieu (Mc 1.1 ; Jn 20.31)

5. Le Saint de Dieu (Mc 1.24)

6. La pierre principale (Mc 12.11)

7. La Parole de Dieu (Jn 1.1 ; Ap 19.13)

8. L'Agneau de Dieu (Jn 1.36)

9. L'Epoux de l'Eglise (Jn 3.29 ; 2Co 11.2)

10. Le Prophète (Jn 6.14)

11. Le Pain de vie (Jn 6.48)

12. La lumière du monde (Jn 8.12)

13. Le Bon Berger (Jn 10.11 ; Héb 13.20 ; 1Pi 5.4)
14. La résurrection et la vie (Jn 11.25)
15. Le Roi d'Israël (Jn 12.13)
16. Le chemin, la vérité et la vie (Jn 14.6)
17. Le Roi des Juifs (Jn 19.19-21)
18. L'Auteur de la vie (Ac 3.15)
19. Prince et Sauveur (Ac 5.31)
20. Le Fils de l'homme (Ac 7.56)
21. Le Juge des vivants et des morts (Ac 10.42)
22. Le Seigneur (Rom 10.9 ; Ph 2.11)
23. Le Seigneur de gloire (1Co 2.8)
24. Notre Agneau pascal (1Co 5.8)
25. Le second Adam (1Co 15.45-47)
26. Le Médiateur entre Dieu et les hommes (1Ti 2.5)
27. Le juste Juge (2Ti 4.8)
28. Le Grand-Pretre (Hé 4.14)
29. L'Alpha et l'Oméga (Ap 1.8)
30. Le Lion de la tribu de Juda (Ap 5.5)
31. Le Seigneur des seigneurs (Ap 17.14)
32. Le rejeton et la postérité de David (Ap 22.16)
33. L'Etoile brillante du matin (Ap 22.16)

Pasteur Jean-Pierre S. KITAMBALA

Ecrit en collaboration avec

KIMBITI NDABASHWA, pasteur de l'ECC/26èmeCMLC/District ecclésiastique de Bukavu/Education chrétienne (République Démocratique du Kongo).

Oui, je veux morebooks!

i want morebooks!

Buy your books fast and straightforward online - at one of the world's fastest growing online book stores! Environmentally sound due to Print-on-Demand technologies.

Buy your books online at
www.get-morebooks.com

Achetez vos livres en ligne, vite et bien, sur l'une des librairies en ligne les plus performantes au monde!
En protégeant nos ressources et notre environnement grâce à l'impression à la demande.

La librairie en ligne pour acheter plus vite
www.morebooks.fr

OmniScriptum Marketing DEU GmbH
Heinrich-Böcking-Str. 6-8
D - 66121 Saarbrücken
Telefax: +49 681 93 81 567-9

info@omniscriptum.de
www.omniscriptum.de

www.ingramcontent.com/pod-product-compliance
Lightning Source LLC
Chambersburg PA
CBHW022018160426
43197CB00007B/469